Lo bueno de ser bueno

WITHDRAWN

LINDA KAPLAN THALER
ROBIN KOVAL

Lo bueno de ser bueno

Conquistar con humanidad el mundo de los negocios

Prólogo de Jay Leno

alienta
EDITORIAL

ALIENTA EDITORIAL
Planeta DeAgostini Profesional y Formación
España, Colombia, Perú, EE.UU., Argentina, Chile, Venezuela, México, Uruguay, Ecuador
www.alientaeditorial.com

Diseño cubierta y fotografía: Ruben Verdu

Traducción y maquetación: EdiDe

Título original: *The power of nice*

Traducción publicada mediante acuerdo con Currency/Doubleday, una división de Random House, Inc.

Todos los derechos reservados

© **Linda Kaplan Thaler y Robin Koval, 2006**

© **Alienta Editorial 2007**

   Planeta DeAgostini Profesional y Formación, S.L.

   Barcelona, 2007

ISBN-13: 978-84-935212-0-2

ISBN-10: 84-935212-0-5

Depósito legal: B-45.585-2006

Impreso por Cayfosa

Impreso en España - *Printed in Spain*

A mis padres, Bertha y Marvin, por enseñarme el valor de la amabilidad.

Linda Kaplan

A mi hermana, Joyce, una mujer nacida con un corazón bondadoso.

Robin Koval

AGRADECIMIENTOS A LA EDICIÓN ORIGINAL

En primer lugar, nuestro sincero agradecimiento a Tricia Keney, directora gerente de Comunicaciones Corporativas de The Kaplan Thaler Group, por darnos el título perfecto para este libro. Resulta muy apropiado que Tricia haya realizado una crucial contribución de este tipo, ya que ella es, en realidad, una de las personas más amables que conocemos, además de una de las más inteligentes. Su pasión y su dedicación para convertir *Lo bueno de ser bueno* en una realidad fueron realmente extraordinarias.

Gracias a Richard Abate, nuestro brillante agente literario de ICM. Tienes una perspicacia increíble y un gusto impecable, y siempre podemos contar contigo como nuestro más fiel partidario. A Walter Bernard y Milton Glaser, cuyo talento es increíble, por diseñar la cubierta perfecta para este libro.

No es posible expresar con palabras nuestro agradecimiento hacia Sara Eckel, una extraordinaria escritora con un gran talento, sin la cual este libro aún sería un sueño en nuestros corazones. Sara fue siempre capaz de encontrar la cita adecuada, la historia instructiva y la frase imaginativa que nos permitió entretejer a la perfección nuestras ideas y experiencias. Unas gracias muy especiales a Mark Holcomb, por estar siempre allí a disposición de Sara.

Gracias especiales a nuestro talentoso y dedicado editor, Roger Scholl de Doubleday. Roger, lo que añades (y lo que eliminas) aporta siempre el toque perfecto. Todas las páginas de *Lo bueno de ser bueno* se han visto beneficiadas por tu talento y pasión por este proyecto. También nos gustaría dar las gracias al equipo de marketing de Double Day –Michael Palgon, Laura Pillar y Meredith McGinnis– por su apoyo a *Lo bueno de ser bueno.* Nuestro agradecimiento también se dirige a la gente de Dan Klores Communications –Jeff Klein, Johanna Flattery, Karyn Barr y Wendy Katz–, nuestros incansables publicistas, que utilizaron sus maravillosas capacidades para ayudarnos a hacer llegar al público *Lo bueno de ser bueno.* Gracias también a Joanna Parson por sus ultrarrápidas transcripciones.

Gracias de todo corazón a Gerry Laybourne, que tan generosamente nos dio la oportunidad de hablar sobre la fuerza de mantener una actitud amable y cordial en el desayuno de Oxygen Mentors Walk, un acontecimiento de ámbito nacional que ella misma creó en 2005. Y gracias también a Amy Gross, jefa de Redacción de *O, The Oprah Magazine,* por estar entre el público aquella mañana y reconocer que esta idea podía convertirse en un artículo para la revista. Éstos son los dos acontecimientos que en última instancia nos empujaron definitivamente a escribir nuestro libro, y queremos dar las gracias a ambos por reconocer todo el potencial de esta idea.

Deseamos dar unas gracias especiales a los muchos clientes, amigos, parientes y colaboradores que tan generosamente nos proporcionaron sus historias o nos ayudaron a encontrarlas para este libro: Susan Arnold, Elizabeth Cogwell Baskin, Gordon Bethune, Marialisa Calta, Richard Davis, Bob Eckel, Howard Eckel, Frank Finney, Bonnie French, Hal Friedman, Robbie Finke, Claire Geier, Marla Ginsburg, Jonathan Gordon, Lynn Harris, Tony Hassini, Diane Karnett, Ruth Downing Karp, Jill Kirschenbaum, A. G. Lafley, Shira Miller, Joanne Miserandino, Charlotte Otto, Erin Peck, Rachel Eve Pine, Whitney Anne Postman, Gail Richards, John Robinson, Helene Stapinski, Sheldon Smith, Jennifer Stoner y Lupe Valdez.

Unas gracias muy especiales a Maurice Levy, director general de nuestra casa matriz, The Publicis Groupe. Apreciamos en gran manera su entusiasta apoyo a esta empresa. Muchas gracias a Eve Magnant por sus esfuerzos de comprobación de los datos.

A lo largo de todos los meses de trabajo en este libro, muchas personas de The Kaplan Thaler Group nos han ayudado con sus consejos, horas extras de trabajo y apoyo. Gracias especiales a nuestros incansables ayudantes, Sheryl Genna y Fran Marzano, por estar siempre ahí cuando los necesitábamos. Muchas gracias a los miembros del Comité Ejecutivo –Lisa Bifulco, Gerry Killeen, Kevin Sweeney y Tricia Kenney–, que nos han ayudado en nuestras exigencias para convertir este libro en una realidad. Gracias a Dennis Marchesiello y al KTG Studio por ayudarnos a crear la propuesta de libro original. Gracias a John Vita por revisar los agradecimientos y el manuscrito. Gracias también a Peter Unger y a John Colquhoun por sus maravillosos diseños de cubiertas y fabulosas ilustraciones para nuestra propuesta inicial. Gracias adicionales a Myles Kleeger por su trabajo en los programas de marketing para *Lo bueno de ser bueno*, y también a los incansables esfuerzos de Erin Creagh por todos los detalles, tanto grandes como pequeños.

Gracias especiales a nuestros expertos, por todas sus necesarias aportaciones a la verdad humana subyacente a *Lo bueno de ser bueno*; Ona Robinson y Gary Belkin.

Nuestro sincero agradecimiento al brillante Geishe Michael Roach, que inspiró el origen de este libro con su sencillo y perspicaz comentario de que todos deberíamos preparar un pastel más grande.

Una agradecida nota de reconocimiento a Donald Trump por su cortés apoyo; a Ken Auletta por su sinceridad y sabiduría, y a Kathy Ireland por sus amables palabras de inspiración.

Y, evidentemente, nuestro más sincero agradecimiento a nuestras respectivas familias.

A mi maravilloso marido, Fred Thaler, por todo tu tierno apoyo, y a nuestros hijos, Michael y Emily, que son una fuente constante de alegría y felicidad.

A mi amado marido, Kenny Koval, cuya inagotable fe en mí es siempre una fuente de inspiración. Y a mi bella y talentosa hija, Melissa Koval: tú llenas mi vida de alegría y orgullo.

Y por último, nuestro más profundo agradecimiento a Jay Leno, por demostrarnos el verdadero poder de mantener una actitud amable y bondadosa hacia los demás, al compartir sus maravillosas historias y escribir gentilmente el prólogo de este libro.

A todos los que hemos incluido en estas páginas, y a las muchas personas que han entrado en nuestras vidas y nos han permitido ser un poquito más humanas, esperamos que este libro les ayude a disfrutar de éxitos y que les permita encontrar la felicidad que desean.

Linda y Robin

ÍNDICE

PRÓLOGO
De Jay Leno[*]

Para mí, uno de los libros más impresionantes que nunca se han escrito es *Cuento de Navidad* de Charles Dickens, gracias a su sencilla premisa: hacer lo correcto te hace sentir mucho mejor. No es nada trascendental. No hace que te sientas culpable. Sencillamente explica que hacer cosas buenas mejora tu vida. Tenemos que aceptarlo: si te comes todo el pastel te encontrarás mal. Toma todo el que quieras, y después reparte el resto entre tus compañeros.

Vivimos en una sociedad basada en la exclusión, en la que la idea básica es intentar apartar a la gente de nuestro camino. Yo creo que cuando haces justo lo contrario, el mundo se abre ante ti. Existe un razón por la que mi programa se llama *The Tonight Show with Jay Leno* y no *The Tonight Show Starring Jay Leno*. Es a causa de mi madre. Ella me dijo «Oh, Señor Presumido, ahora ya eres la gran estrella». Le dije: «Bien mamá. ¿Es mejor "with Jay Leno"?». Ella respondió: «Sí».

Cuando me pidieron una entrevista para *Lo bueno de ser bueno* dije que sí, y no sólo porque quería ser amable; lo hice porque creo que ésta es la manera de hacer las cosas. Con ello volvemos al mensaje de *Cuento de Navidad* y a la sensación de actuar de una manera honesta, amable y jovial. Ser honesto es

---

[*]Famoso presentador norteamericano de la NBC.

especialmente importante cuando tienes una plataforma como *The Tonight Show*. Cuando celebramos el décimo aniversario, di a todos y cada uno de los empleados mil dólares por cada año de haber trabajado en el programa. Todos recibieron la misma paga, desde el chico de las fotocopias hasta los productores. Esto hizo que todos se sintieran iguales. Fue justo. No tienes ninguna necesidad de ser tacaño ni de utilizar tu posición para arremeter contra los demás o para dar tus opiniones personales. Esto no es poder. Ser amable y honesto sí lo es.

1. LO BUENO DE SER BUENO

Durante muchos años hemos estado encantados con el guarda de seguridad de nuestro edificio de oficinas de Manhattan. En realidad, muchos de los que trabajamos en The Kaplan Thaler Group le tenemos en gran estima. Frank es un hombre corpulento y jovial, de unos cincuenta años de edad, que anima el día a todos los que entran en el edificio, ofreciéndoles una atenta y cordial bienvenida. «¡Hola, Linda!» «¡Hola, Robin!», dice. «¡Que tengas un buen día!»

Las contagiosas sonrisas de Frank cambiaron la manera en que empezábamos a trabajar por la mañana. En lugar de limitarnos a mostrar anónimamente nuestros pases y dirigirnos directamente al ascensor, nos encontrábamos buscando a Frank para poderle saludar. Él daba un tono positivo a toda la jornada. Sin embargo, nunca pudimos imaginar la manera en que Frank nos ayudaría en nuestro negocio, aparte de no permitir que entraran intrusos en el edificio.

Fue así hasta el día en que Richard Davis, el presidente y director de operaciones del U. S. Bank, el sexto banco más importante de Estados Unidos, vino a visitarnos. Durante varios meses, todo el equipo de The Kaplan Thaler Group había estado trabajando para crear una propuesta que cautivara al señor Davis y nos permitiera conseguir captar al U. S. Bank como cliente.

La visita de Davis era de vital importancia. Éramos una de las dos agencias que competía para conseguirlo como cliente. Davis y su equipo habían volado desde sus oficinas de Minneapolis para reunirse personalmente con nosotros. En aquel momento no éramos conscientes de ello, pero Davis y su grupo de directivos recelaban del trato que se les dispensaría en Nueva York. El frenético ritmo y la dura actitud de «apártate de mi camino» de la Gran Manzana habían pasado a formar parte de la mitología de la ciudad. Temían que nosotros seríamos demasiado fríos, prepotentes y distantes.

Sin embargo, cuando Richard Davis y su equipo entraron en el edificio, Frank les dio una gentil y cordial bienvenida. Al llegar a nuestras oficinas, al cabo de unos minutos, se mostró entusiasmado con el amable guarda de seguridad. «¡El saludo de este hombre ha sido increíble!» dijo. «De repente he pensado que cómo *no* iba a colaborar con una compañía que tiene a alguien como esta persona trabajando para ella. Sólo puedo pensar en resultados positivos ante la perspectiva de contratar a una agencia como ésta.» Huelga decir que conseguimos a este cliente.

Evidentemente, Davis no nos hubiera dado el trabajo si no hubiera quedado impresionado con nuestra labor, pero es fundamental que reconozcamos los méritos de Frank. Con un contrato de varios millones de dólares en juego, el caluroso saludo de Frank fue lo que nos dio el empujón definitivo.

Esto es lo bueno de ser bueno.

El guarda de seguridad ganó el corazón de un director de operaciones. Puede parecer una película de Disney, pero podemos garantizarle que no se trata de ninguna fantasía. Escribimos *Lo bueno de ser bueno* porque estábamos totalmente en desacuerdo con los dichos tradicionales que afirman que «las personas amables siempre acaban siendo las más perjudicadas» o que «ninguna buena acción queda sin castigo». Nuestra cultura nos ha ayudado a propagar el mito del darwinismo social –de la supervivencia del más fuerte–, y a pensar que la feroz filosofía del «yo contra todos los demás» es la que permite ganar. Uno de los libros más vendidos en estos últimos años, *Nice Girls Don't Get the Corner Office*, que trata sobre cómo triunfar en los negocios, es un alegato contra la amabilidad, pero esto entra directamente en contradicción con la manera en que nosotros hemos decidido dirigir nuestro negocio y nuestras vidas. En menos de una década transformamos The Kaplan Thaler Group en una gran empresa dentro del mundo de la publicidad con una facturación de más de mil millones de dólares, convirtiéndola en una de las agencias con un crecimiento más rápido en todo el país. Nuestro éxito no se consiguió con palos ni lanzas, sino con flores y bombones. Nuestro crecimiento no es el resultado del miedo o la intimidación, sino de las sonrisas y los cumplidos.

Una y otra vez hemos podido experimentar el extraordinario poder de la amabilidad en nuestros negocios y en nuestras vidas personales. El pasajero que es trasladado a primera clase es el que se dirige paciente y educadamente al agente de billetes de la línea aérea y no el fanfarrón que le espeta «soy un usuario vip y debo ser tratado como tal». El conductor al que se le perdona una multa por exceder el límite de velocidad es el que se muestra educado y pide disculpas al agente de policía.

Pero la amabilidad tiene un problema de imagen. La amabilidad no consigue ningún respeto. Cuando alguien es etiquetado de «amable» y «bueno»» significa, normalmente, que los demás no ven ningún otro aspecto positivo en él. Ser bondadoso y cordial es ser considerado una persona pasiva, débil de carácter y con poca ambición. Digámoslo claramente: *ser bueno no significa ser ingenuo.* Ser bueno no significa sonreír insulsamente mientras los demás te van pasando por encima sin ninguna consideración. Ser bueno no significa que tengas que dejarte pisotear. En realidad, nosotros creemos que *bondad, amabilidad y simpatía son las palabras más poderosas que existen en el diccionario.* Significan avanzar con la clarividente confianza que se tiene cuando se sabe que siendo bondadoso, amable y cordial, y poniendo las necesidades de los demás a la misma altura que las nuestras, es posible conseguir todo lo deseado. Piense en ello:

- *Los buenos tienen más suerte en el amor.* Las personas discretas, amables y agradables presentan una tasa de divorcios que es la mitad de la de la población en general, según un estudio de la Universidad de Toronto[1].
- *Los buenos ganan más dinero.* Según el profesor Daniel Goleman, que realizó una investigación sobre la manera en que las emociones afectan en el lugar de trabajo para su libro *Primal Leadership*, existe una correlación directa entre el ánimo de los empleados y los resultados económicos. Un estudio demostró que por cada 2% de mejora en el ambiente de trabajo, es decir, mediante la alegría y la amabilidad generales del personal, se consigue un 1% de aumento de los ingresos[2].
- *Los buenos gozan de mejor salud.* Un estudio de la Universidad de Michigan mostró que las personas mayores de Estados Unidos que ayudaban a los demás, ya fuera a través del trabajo voluntario o simplemente siendo un buen amigo y vecino, presentaban un 60% menos de muertes prematuras que sus iguales poco dispuestos a ayudar.
- *Los buenos tienen menos problemas con la justicia.* Un estudio demostró que los médicos que no habían sido nunca demandados hablaban con sus pacientes una media de tres minutos más que sus homólogos que sí habían sido demandados dos o más veces, según informa Malcolm Gladwell en su libro *Blink: The Power of Thinking Without Thinking.*

Normalmente son los pequeños detalles –las sonrisas, los gestos, los cumplidos y los favores –los que hacen que nuestra jornada sea mucho mejor e incluso pueden cambiar nuestra existencia. Tanto si usted dirige su propia compañía como si se quiere presentar como presidente para la Asociación de Padres y Madres de la escuela de sus hijos, o simplemente si

LO BUENO DE SER BUENO

intenta mantener una buena relación con su díscola hija ado-
lescente, la fuerza de la bondad, la jovialidad y una actitud
siempre positiva le ayudarán a abrirse camino entre los malen-
tendidos y los prejuicios que a veces nos impiden conseguir
nuestros objetivos. Actuar con humanidad le permitirá mejorar sus relaciones tanto en el trabajo como en el hogar, y seguro que hará que por la noche pueda dormir mucho mejor. Las
personas buenas, cordiales y amables no sólo consiguen antes
lo que desean. Quienes utilizan su fuerza natural humana son,
por añadidura, más felices.

En los capítulos que siguen le demostraremos que ser amable
y comportarse con humanidad no significa sacrificar lo que uno
desea para complacer a los demás. Si se aplican los principios de
la simpatía y la cordialidad, siempre existe una segunda, tercera
o incluso cuarta oportunidad.

2. LOS SEIS PRINCIPIOS DE LO BUENO DE SER BUENO

PRINCIPIO 1 DE **LO BUENO DE SER BUENO:**

Las impresiones positivas son como semillas

Cada vez que sonríe a un mensajero, escucha atentamente a un colaborador, da las gracias a un ayudante o trata a un extraño con cortesía y respeto, está emitiendo energía positiva. Esta energía provoca una impresión en la otra persona que, a su vez, la pasará y la «contagiará» a las decenas de individuos con los que se encuentre en su camino. Estos contactos positivos tienen un efecto multiplicador. Y en última instancia, las impresiones favorables acaban por retornar a uno mismo. Esto no significa que el camarero al que un día le dio una suculenta propina llegue a fundar con el tiempo una compañía de negocios que le ofrezca un montón de acciones (a menos que la propina haya sido realmente impresionante). Los resultados de actuar con amabilidad y mostrando nuestro lado más humano no acostumbran a ser tan directos. En realidad, es posible que no observe ningún impacto en su vida durante muchos años, aparte de la cálida sensación de bienestar que notará en su interior. No obstante, nosotros hemos descubierto que actuar con humanidad tiene un efecto dominó. Incluso es posible que no pueda seguir la pista de su buena suerte hasta que no se produzca un encuentro específico, pero se trata de una certeza matemática que la fuerza de la bondad asienta las bases para disponer de muchas oportunidades a lo largo del camino. Las impresiones positivas son como semillas. Se plantan y uno se olvida de ellas, pero van creciendo y aumentado de tamaño bajo tierra, con frecuencia de una manera exponencial.

Aquí tiene un ejemplo de cómo actuar con humanidad en el mundo de los negocios nos funcionó. No hace mucho tiempo dimos un papel a la esposa de Donald Trump, Melania, en un anuncio de Aflac tal como nos había sugerido el presidente y director general de esta empresa de seguros, Daniel Amos. Como una de las estrellas del anuncio, dimos a la señora Trump su propio camerino y nos aseguramos de que se sintiera cómoda y que tuviera todo lo necesario. Nuestro equipo la trató con amabilidad no porque estuviera casada con una persona famosa, sino porque nuestra política es la de ser corteses y respetuosos con todas las estrellas de nuestros anuncios.

Al cabo de unos meses, los productores de *The Apprentice* pidieron a Linda que formara parte del jurado de uno de sus espectáculos en el cual los aspirantes a aprendices tenían que crear un anuncio para un coche:

Antes de empezar a rodar me presenté a Donald Trump, mencionando que éramos la agencia que había utilizado a su esposa en un anuncio de Aflac. Pues bien, Trump recordaba perfectamente la experiencia de su mujer, porque justo antes de que empezara a rodarse el programa se me acercó y me dijo: «Fueron muy amables con mi esposa. Ahora van a ver cómo les devuelvo el favor».

Seguidamente empezó a hablar y describió The Kaplan Thaler Group como una de las agencias de publicidad más geniales del país, ¡en la televisión por cable! Después se salió del guión para incluirme a mí en los debates ante la cámara. Y todo ello porque fuimos amables con su esposa.

PRINCIPIO 2 DE LO BUENO DE SER BUENO:

Nunca se sabe

De acuerdo, ya sé lo que está pensando: evidentemente, vale la pena ser amable con la esposa de Donald Trump. Ahora bien, todos somos lo bastante inteligentes como para cooperar con las personas importantes de nuestras vidas, las personas con quienes nos relacionamos con frecuencia, como los vecinos o los compañeros de trabajo, y las personas implicadas en las transacciones más importantes, como los especialistas en hipotecas y los empresarios que pueden darnos algún trabajo. No obstante, ya es mucho más difícil que nos preocupemos, por ejemplo, por un extraño al que no volveremos a ver nunca más. Con demasiada frecuencia lo primero que pensamos es «no tiene importancia».

Diane Karnett no podía haber imaginado nunca que la mujer joven a la que conoció en el tren de vuelta a Nueva York iba a transformar su vida. La mujer visitaba a su abuela, que resultó vivir en el mismo barrio que Diane, por lo que compartieron el viaje en taxi. Cuando llegaron al apartamento de la abuela, la mujer pidió a Diane si podía ayudarla a subir las maletas hasta el quinto piso, ya que no había ascensor.

«Pensé que por qué no iba a hacerlo.» Pero al llegar al cuarto piso estaba tan agotada que pensó que en realidad tenía muchas razones para no haberlo hecho.

La abuela, de 85 años, resultó ser una antigua corista de Ziegfeld llamada Millie Darling, que entabló amistad con Diane y le enseñó la ciudad de Nueva York como nunca la hubiera llegado a conocer ella sola. «A lo largo de los años fui tratada como una verdadera personalidad en sus clubes de jazz preferidos», explicó Diane.

Ésta habría sido una recompensa más que suficiente por subir algunas maletas hasta un quinto piso. Pero resultó que Millie era la madre de Chan Parker, viuda del legendario mito del jazz Charlie Parker. Cuando Diane se quedó sin empleo, Chan invitó a Diane a vivir con ella en su casa de campo en las afueras de

París. Diane aceptó y explicó a su antiguo patrón que se iba del país. Éste le dijo que puesto que se iba a París, ¿por qué no abría una tienda y dirigía allí una sucursal de la empresa? Diane vivió en París durante cuatro gloriosos años, pasando los fines de semana en la casa de campo de Chan Parker, alternando con los fabulosos y fascinantes amigos de Chan –leyendas del jazz, periodistas e incluso Clint Eastwood–. «Podía haber dejado que esta extraña del tren subiera sus maletas. Y me hubiera perdido todo esto», comentó Diane.

Cuando nos encontramos con extraños en la calle, normalmente asumimos que no son importantes para nosotros. A diferencia de nuestra amiga Diane, normalmente evitamos el contacto con la persona sentada a nuestro lado en el tren o quizás incluso corremos para poder coger el taxi antes de que ella salga de la estación. El pensamiento es: «Se trata sólo de una persona que no tiene nada que ver con mi vida. Conseguir el taxi es más importante que ser amable con ella».

¿Pero cómo lo sabemos? Esta persona podría ser la hermana de nuestro jefe. O un agente de la propiedad inmobiliaria que tiene a la venta una casa en el barrio de nuestros sueños. O el director de una fundación que podría dar a nuestra joven organización benéfica el apoyo que necesita desesperadamente. Lo fundamental es que esta persona *es* importante para mucha gente. Hay que tratar a todas las personas con quienes nos encontramos como si fueran las más importantes del mundo, porque lo son. Si no para nosotros, sí para alguien; y si no lo son hoy, quizás puedan serlo mañana.

PRINCIPIO 3 DE **LO BUENO DE SER BUENO**:

Las personas pueden cambiar

Un error muy común que cometemos a menudo es pensar que sólo necesitamos ser amables con nuestros iguales y con nuestros superiores. No hay ninguna necesidad de ser amable con un ayudante o con un recepcionista, y mucho menos con un guarda de seguridad o un empleado de la limpieza. Al fin y al cabo, no pueden hacer nada por nosotros, porque no tienen ningún poder.

Esto puede ser cierto o no, ahora. Pero no hay manera de saber quién puede llegar a ser importante para uno dentro de diez, veinte o treinta años. Hace algunos años recibimos una llamada de una mujer que creíamos que estaba buscando trabajo. Aceptamos reunirnos con ella, por si acaso. Y resultó que no estaba buscando trabajo: estaba buscando una agencia para crear una campaña publicitaria para dos grandes proyectos comerciales que ella misma dirigía. Era un proyecto de millones de dólares para la agencia. ¿Por qué nos había escogido a nosotros? Veinticinco años antes ella había trabajado con Linda, que se había mostrado muy amable y respetuosa con ella a pesar de su bajo rango dentro de la compañía. Más de dos décadas después, terminamos consiguiendo un contrato de cuarenta millones de dólares gracias a que uno de nosotros había sido amable con alguien que daba sus primeros pasos dentro del mundo de la publicidad. Éste es el resultado de ser una buena persona.

PRINCIPIO 4 DE LO BUENO DE SER BUENO:

La amabilidad debe ser algo instintivo

Un amigo nos explicó hace poco una historia de tres firmas de consultoría que competían por conseguir un contrato muy importante. Una fue eliminada sumariamente, a pesar de que había realizado una presentación impresionante. ¿Por qué?, se preguntaron. Resultó que cuando el posible cliente llegó al aeropuerto, un ejecutivo de una de las firmas no le había ayudado con el equipaje. Allí perdieron el contrato. La clienta se ofendió bastante con su falta de educación y decidió que no quería tener ningún trato comercial con ellos. Todo el equipo había estado trabajando día y noche para ofrecer al cliente una presentación impresionante, y todo se perdió por culpa de una maleta.

El ejecutivo negligente sabía con toda certeza que la clienta era una persona de gran importancia. ¿Por qué no la ayudó con las maletas? Sencillamente porque no estaba acostumbrado a ser amable. Si la amabilidad hubiera formado parte de su manera de tratar a los demás, no se hubiera producido nunca esta situación. Habría llevado las maletas de la clienta sin pensarlo en lugar de ser un gesto reservado exclusivamente a jefes y otra gente importante. Habría sabido que estos pequeños gestos y detalles pueden ser extremadamente importantes.

PRINCIPIO 5 DE LO BUENO DE SER BUENO:

Las impresiones negativas son como gérmenes

Cada vez que se muestre altivo y prepotente con alguien que usted piense que «no es importante», la gente reaccionará de manera inconsciente ante ello. Es posible que, en un restaurante, consiga una mesa mejor si le grita al camarero, pero podemos asegurarle que su acompañante estará pensando en silencio que es usted un mal educado. De la misma manera que las acciones positivas son como semillas que crecen en silencio, los gestos de desconsideración son como gérmenes: es posible que durante un tiempo no vea el impacto que tienen en usted, pero están ahí, infectándole en silencio a usted y a todos quienes le rodean.

No diseminar gérmenes significa ser extremadamente respetuoso con su entorno y con la gente de su alrededor, ya que incluso un simple malentendido puede crear una impresión negativa, tal como descubrió Robin recientemente:

Claire y yo estuvimos levantados toda la noche preparando una presentación para un cliente. Una de las diapositivas de PowerPoint salía al revés una y otra vez. Nos estábamos volviendo locos para conseguir que saliera bien; parecía como si tuviera vida e ideas propias. Al final, conseguimos colocarla bien y pudimos irnos a descansar a casa.

Al día siguiente, durante la presentación, en una enorme sala de conferencias llena de gente, la maldita diapositiva saltó a la pantalla ¡al revés!

Yo dije: «Dios mío, Claire, vuelve a estar mal».

Evidentemente, Claire sabía que yo estaba haciéndole un comentario en broma, sin ninguna mala intención, pero nadie más lo sabía. Todos los presentes pensaron que la había amonestado en público, y se creó un ambiente muy negativo en la sala. En realidad, casi perdimos el contrato que tantos meses nos había costado conseguir. Aclaramos lo ocurrido y explicamos toda la situación, pero fue una buena lección para nosotros: las impresiones quedan grabadas en la retina de quienes las observan, y una mala impresión puede afectar de forma negativa a todas las acciones posteriores.

PRINCIPIO 6 DE LO BUENO DE SER BUENO:

Usted sí lo sabe

Aunque no vuelva a ver a una persona a la que ha tratado mal, y aunque nadie vea ni conozca su falta de educación o su mal comportamiento, *usted sí que es consciente de ello.* Estará en su cabeza y en su corazón cuando entre en una reunión e intente convencer a los presentes que deben confiar en usted. Puesto que no creerá en sí mismo, puede poner en peligro el resultado de una reunión o de una relación.

Lo bueno de ser bueno no consiste en ir de aquí para allá como un bobo sonriendo y cumpliendo las órdenes de todo el mundo, ni en ir calculando qué es lo que se conseguirá a cambio. Ser una buena persona no consiste en ser falso y manipulador. Consiste en valorar la bondad y la simpatía –en uno mismo y en los demás– de la misma manera que se respeta la inteligencia, la belleza o el talento. La bondad es una fuerza muy potente. En realidad, puede, literalmente, salvarle la vida.

Vamos a dar un ejemplo. Hace ocho años, Susan recibió una carta de una vieja amiga, Helen. La sobrina de Helen sufría una anorexia grave e iba a morir si no recibía un tratamiento intensivo en una clínica muy cara a miles de kilómetros de su hogar. El coste de todo ello, no obstante, quedaba muy lejos del presupuesto familiar, especialmente teniendo en cuenta que el padre estaba en el paro y tenía sus propios problemas de salud. Así que la familia envió una carta a todos los familiares y amigos pidiéndoles dinero.

Susan quedó conmovida y algo sorprendida al mismo tiempo, porque la gente, ni tan siquiera los familiares, piden ayuda de una manera tan abierta. Con tres hijos, para Susan y su marido fue difícil decidir cuánto dinero podían destinar a ello. «Al final le enviamos quinientos dólares, lo que parecía muy poco, y, a la vez, era demasiado para nosotros», dijo Susan.

Pero otras personas también respondieron generosamente. La chica fue admitida en un programa de tratamiento y sobrevivió. «Sin la carta que envió la familia, su sobrina no lo hubiera conseguido», explica Susan.

Tres años más tarde, el marido de Susan perdió su empleo y, además, tenía graves problemas de salud. Su período en el paro se alargó durante bastante más de un año, y la familia de Susan se vio obligada a vivir de unos ahorros que pronto se agotaron. Aunque Susan trabajaba, estaban empezando a preocuparse mucho por su situación financiera.

Entonces, un día, Susan encontró en el buzón una tarjeta de una mujer a la que no conocía de nada. Era la madre de Helen, la abuela de la chica anoréxica. Le explicaba que había sabido que Susan y su marido estaban pasando por un «mal momento», y que quería ayudarles. La carta seguía diciendo que ella sabía perfectamente qué era pasar por dificultades financieras. «Esta increíble mujer, que había criado a tres hijos ella sola trabajando en oficios con un sueldo muy bajo nos envió un cheque de dos mil dólares», dijo Susan.

Cuando verdaderamente entiendes todo el poder de la bondad, te das cuenta de que tratando a los demás con amabilidad, respeto y generosidad, tus acciones revierten en tu beneficio de una manera u otra, y con intereses.

Ahora ya conoce los principios que pueden ayudarle a transformar su vida. En los siguientes capítulos le daremos las herramientas que necesitará para empezar a aprovechar en su beneficio lo bueno de ser bueno.

BUENOS PROPÓSITOS: EJERCITE LOS MÚSCULOS DE LA AMABILIDAD

Cada día durante la semana siguiente, haga cinco acciones que no tengan ninguna recompensa inmediata para usted. Diga gracias a los demás. Interésese por las vidas de las personas con las que se encuentra a diario: ¿la camarera de la cafetería donde va a desayunar todas las mañanas tiene hijos? Done dinero para alguna obra benéfica. Haga un cumplido a algún extraño.

El objetivo de todo ello no es imaginar que el taxista al que le dé una generosa propina algún día será el director de un gran corporación. Se trata simplemente de acostumbrarse a ser amable, y descubrir lo bien que se siente uno con ello.

BUENOS PROPÓSITOS: SEA EL MEJOR «ACTOR DE REPARTO»

La mayoría de nosotros no queremos ser desconsiderados. Simplemente estamos tan ocupados siendo los protagonistas de nuestra propia película que nos olvidamos de que todo el mundo es el protagonista de la suya. Por ello, es especialmente importante vernos a nosotros mismos tal como nos ven los demás: como los actores de reparto de sus películas. Así pues, haga una lista de todas las personas que tienen una relación íntima con usted y piense qué tipo de papel interpretaría en sus películas. ¿Es usted la hija cariñosa, adorable y adulta, o más bien la ausente y distraída? ¿El novio dulce y atento o el interesado y egoísta? ¿El apagafuegos de la oficina o el conflictivo? Para cada relación, escriba cinco maneras en que podría conseguir que su «personaje» fuera más simpático y cordial con los demás.

BUENOS PROPÓSITOS

BUENOS PROPÓSITOS:
TOME COMO MODELO AL TIPO DE PERSONA QUE ADMIRA

¿Admira a las personas que realizan algún trabajo voluntario? ¿A las que cuidan a sus familiares y hacen planes para hacer actividades juntos? ¿A las que piden y recuerdan los detalles sobre las vidas de sus clientes y colegas? Termine esta frase: si yo fuera una persona mejor...

Intente imitar el comportamiento de la persona a la que le gustaría parecerse.

3. PREPARE UN PASTEL MÁS GRANDE

Tony Hassini recuerda el día en que recibió una llamada telefónica de un por entonces desconocido mago llamado Doug Henning. Hassini, que también era mago, poseía los derechos de autor de algunos de los trucos más asombrosos del mundo. «Henning me había llamado varias veces antes de que consiguiéramos hablar. Cuando lo hicimos, yo sabía que él también era un mago que podía llegar a competir conmigo. Mi reacción inicial fue la de mostrarme amable con él, pero sin compartir ninguno de mis bien guardados secretos. Había dedicado diez años y mucho dinero a reunir todos estos derechos, y no estaba dispuesto a dárselos a nadie», dice Hassini.

Pero mantuvo una relación telefónica cordial con Henning. «Le di algo de información –nada importante– y algunas ideas, simplemente para que hubiera una buena comunicación entre nosotros», explica Hassini.

No fue hasta la quinta o la sexta conversación que mantuvieron que Henning le explicó que estaba trabajando en un espectáculo de magia muy diferente, un musical con una trama que giraría alrededor de la magia y –lo más importante– que acabaría con la anticuada imagen del «sombrero de copa y el frac». En su lugar, Henning llevaría el pelo largo y vestiría ropas de brillantes colores. «Cuanto más le escuchaba, más creía que tenía posibilidades de triunfar», comentó Hassini.

Así que Hassini envió a Henning catorce trucos. «Podía haberle cobrado una buena cantidad de dinero por estos bien guardados secretos y por mis ideas. Pero decidí que ganaría más con nuestra relación si el espectáculo era un éxito», explica Hassini.

Evidentemente, la apuesta de Hassini dio muy buenos frutos. El espectáculo de Henning se estrenó en Toronto y rompió todos los récords de recaudación de esta ciudad. Después pasó a Broadway, donde permaneció en cartel durante cuatro años y medio, y, al final, se convirtió en el punto de partida de una serie de programas especiales de televisión sobre magia que tuvieron un gran éxito.

Henning compartió de buena gana el pastel con Hassini, ofreciéndole unos lucrativos contratos de asesoría y ayudándole a promocionar su organización, la International Magicians Society.

La colaboración no sólo enriqueció a Henning y Hassini; también hizo subir el valor de todos los magos. Antes de Henning, el estereotipo del mago era un hombre de esmoquin y guantes blancos que sólo sabía sacar conejos de una chistera. Ahora la magia era algo que estaba de moda, lo que quería decir que todos los magos tenían más trabajo.

Imagine que usted hubiera sido Tony Hassini cuando Henning empezó a llamarle. ¿Le hubiera cedido sus preciosos secretos comerciales? Desde pequeños se nos enseña que la mejor manera de triunfar en la vida consiste en apoderarnos de las cosas para nuestro beneficio y en no compartir nuestros conocimientos con nadie. Al fin y al cabo, ¿cuál es la primera norma de la sociedad capitalista?: hay que derrotar a la competencia. Debes tomar tu parte del pastel antes de que te la quite otra persona. Porque si no lo haces así, tendrás que conformarte con las migas. ¿No?

Falso. La vida no es un balance de resultados que debe dar cero: si la otra persona gana yo pierdo, y viceversa. No hay ninguna necesidad de pelearse por ver quién consigue la mayor parte del pastel: simplemente tenemos que preparar un pastel más grande. Al fin y al cabo, ¿quién dice que el pastel es finito? El universo no lo es; el universo es infinito. Nuestra capacidad para amar no es finita, como bien saben todos los padres. Tienes tu primer hijo y crees que ya no puede caber más amor en tu corazón. Después tienes tu segundo hijo y su capacidad se dobla, o se triplica.

¿Suena demasiado fantasioso? Pues bien, sólo hay que pensar en cómo Internet ha multiplicado las posibilidades para todo el mundo. Antes, cuando se buscaba un trabajo, las opciones eran limitadas: buscar en los anuncios de los periódicos, acudir a una agencia de colocación y quizás hacer correr la voz entre los amigos. Ahora disponemos de una amplia variedad de recursos: existen sitios web para encontrar trabajo y sitios para establecer amistades. Todas las compañías más importantes tienen una sección de «oportunidades de empleo» en su sitio web a la que puede accederse pulsando unas pocas teclas. O simplemente es posible enviar el currículum a unos cuantos contactos seleccionados, pidiéndoles que a su vez lo envíen a otras personas, y tal como reza el antiguo anuncio «lo dicen a dos amigos, y éstos a dos amigos, y, así, sucesivamente». Internet ha ofrecido a todo el mundo una red mucho más amplia. Nadie tiene que «perder» contactos; la piscina es más profunda para todos.

Cuanta más gente incluya en su círculo de relaciones, mejor para usted. La supermodelo convertida en empresaria Kathy Ireland se dio cuenta de ello cuando le pidieron que participara en una campaña pública sobre cuidados prenatales. Aceptó participar y ofrecer su imagen sin cobrar nada, si también se le permitía grabar los anuncios en español. «Mi marido trabaja en un hospital en el servicio de urgencias y habla español por necesidad. Tiene que dar información muy importante a pacientes de habla hispana. Así que les pedí que quería hacer el anuncio en español, además de en inglés, ya que se trata de información realmente importante. No podemos permitir que haya gente que se la pierda», explica Kathy.

Kathy hizo una versión bilingüe porque esto era lo correcto. No tenían ningún motivo comercial para negarse a ello. Pero después de que se emitiera el anuncio, quedó asombrada de la respuesta de la comunidad latina y de lo que creció el interés de sus miembros por su línea de ropa. «Fue increíble. Nuestros clientes latinos respondieron de una manera muy potente. Escribieron cartas y mensajes diciendo que estaban muy agradecidos por la campaña pública. Todo ello hizo que nos diéramos cuenta de lo desatendidos que habían estado hasta entonces», dice ella.

Como resultado, la compañía de Kathy realizó un esfuerzo más organizado para llegar a sus clientes latinos. Por ejemplo, imprimió las etiquetas de sus prendas en español y en inglés. «Esto ha ayudado a nuestra marca de una manera muy importante. Nos dimos cuenta de que nuestros clientes se sentían aislados e ignorados, y ahora que hemos llegado a ellos han empezado a aceptar realmente la marca.»

Preparar un pastel más grande es la situación de «ganar y ganar» definitivamente. Tienes lo que deseas en mayor cantidad y te sientes bien por lo que haces. Así pues, en lugar de propagar energía negativa corriendo para ser el primero en tomar una parte del pastel, piense en cómo puede ensanchar sus horizontes y crear una nueva receta para el éxito.

AYUDE A LOS DEMÁS A CONSEGUIR SU PARTE DEL PASTEL

Cuando uno está desesperado por conseguir su parte del pastel, ¿por qué debe preocuparse por ayudar a los demás a conseguir la suya?

Si Ernest Hamwi hubiera adoptado esta actitud cuando vendía zalabia, una galleta persa muy suave y fina, en la Exposición Mundial de 1904, quizás habría terminado sus días como vendedor callejero. Hamwi observó que un vendedor de helados que estaba a su lado se había quedado sin vasitos para servir a sus clientes. La mayoría de la gente habría pensado: «no es mi problema», esperando incluso que la mala suerte del vendedor de helados significaran unas mayores ventas. En lugar de ello, Hamwi enrolló una galleta y puso una bola de helado sobre ella, creando uno de los primeros cucuruchos de helado del mundo. Ayudó a su vecino, y, con ello, consiguió hacer fortuna.

Ésta es la belleza de ayudar a los demás a hacer fortuna: con ello se ayuda a preparar un pastel aún mayor. Si uno se decide a actuar de tutor de una persona joven puede descubrir algunas ideas sobre el negocio que le ayudarán a clarificar sus propios objetivos y valores. Cuando Shira Miller era la directora de marketing de una gran compañía de comida y nutrición observó que una de sus especialistas de asistencia de ventas tenía un gran talento. Así que Miller se la llevó al Departamento de Relaciones Públicas y la ayudó a desarrollar sus habilidades. Cuando Miller abandonó la compañía para fundar su propia firma de Relaciones Públicas, continuó ofreciendo consejo y haciendo recomendaciones a su amiga sobre el desarrollo de su carrera. Ahora la protegida de Miller es la directora de comunicaciones corporativas de Focus Brands, la casa matriz de Carvel Ice Cream y Cinnabon, y Carvel es actualmente uno de los principales clientes de Miller. «Ayudar a mis empleados a progresar es algo que siempre me ha producido una gran satisfacción personal. ¡Pero no tenía ni idea de que hacerlo también me aportaría clientes!», explica Miller.

AÚNE RECURSOS

Algunas veces estamos tan concentrados en mantener lo que ya tenemos —clientes, contactos, ideas— que nos olvidamos de que unir recursos con otras personas, equipos o negocios puede resultar en realidad en un beneficio mucho mayor para todos.

Los ejecutivos de The Breast Cancer Research Foundation (BCRF) lo descubrieron después de tener una desastrosa recaudación de fondos. La BCRF era la organización benéfica creadora de un programa de fidelización de clientes y recaudación de fondos llamado «Tarjeta de salud». Por veinticinco dólares, los clientes compraban la tarjeta y ésta les daba derecho a descuentos en diversos comercios. La mitad de las ganancias conseguidas con la tarjeta se donaban a la fundación. El programa al principio tuvo mucho éxito, pero al año siguiente no se apuntó ningún comercio nuevo.

Así que realizaron una jugada poco común: decidieron unirse a The Susan G. Komen Breast Cancer Foundation. Esto significó tener que tragarse su orgullo, ya que, aunque trabajaban en nombre de la misma buena causa, no dejaban de ser rivales que competían dentro del mismo mercado. Se creó una nueva tarjeta, la «Tarjeta de amor», a la que se unieron muchos comercios detallistas y generó unas excelentes ventas. Evidentemente, la mejor noticia es que se recaudó más dinero para el cáncer de mama. Incluso después de repartir los beneficios con la Komen Foundation, The Breast Cancer Research Foundation consiguió más dinero que si hubiera trabajado exclusivamente por su cuenta.

Cuando uno aprende a rechazar la mentalidad de «yo contra ti» se abren nuevas oportunidades para todos. Por ejemplo, no hace mucho los ejecutivos de Procter & Gamble se dieron cuenta de que no había ninguna razón para cerrar las puertas a los antiguos empleados. «Históricamente, cuando alguien salía de Procter & Gamble éste se sentía rechazado. Se cortaba el cordón que le unía a la compañía y dejaba de formar parte de la familia», dice Charlotte Otto de P&G. No obstante, muchos antiguos miembros del personal de P&G mantenían el contacto entre ellos, creando una red de «antiguos alumnos» informal. Pero no fue hasta que A. G. Lafley se convirtió en director general que la compañía como tal empezó a participar en los encuentros amistosos que se organizaban entre los trabajadores. Lafley se dio cuenta de que los antiguos empleados no eran traidores; al contrario, eran unos aliados extremadamente valiosos. «Nos hemos beneficiado mucho del hecho de mantener una relación más estrecha con ellos», dice Otto. Brent Bailey de P&G pasó a convertirse en el presidente y director jefe de operaciones de Pharmavite, muy conocida por sus vitaminas y suplementos

Nature Made y Nature's Resource. En 2003, Bailey facilitó un acuerdo por el cual Procter & Gamble cedió su marca Olay a la compañía, creando la exitosa marca Olay Vitamin.

Compartiendo información y la manera de entender las cosas puede colaborarse con frecuencia de maneras en las que la suma es mucho más grande que las partes individuales. Piense en la fuerza colectiva de Los Beatles. Cuando el grupo se rompió, John, Paul, George y Ringo siguieron teniendo unas carreras musicales muy respetables. Pero ninguno de ellos consiguió acercarse ni mucho menos al legendario éxito del grupo. Se dice que las superestrellas de las operetas Gilbert y Sullivan no podían soportarse el uno al otro en el ámbito personal, pero juntos escribieron algunas de las óperas cómicas más grandes. Cuando lo intentaron por separado todo fueron fracasos.

Y, evidentemente, algunos de los productos de más éxito del mundo fueron creados de esta manera. Daniel Peter, el chocolatero suizo, pasó años intentando encontrar una manera de añadir leche para suavizar la textura y el sabor de sus chocolates. La leche normal no se mezclaba con la pasta de cacao. Después conoció a Henri Nestlé, un farmacéutico que había creado una leche condensada endulzada para niños. Resultó ser exactamente lo que Peter necesitaba. Y todos nosotros hemos podido disfrutar desde aquel momento del chocolate con leche.

Algunas veces, las grandes colaboraciones llevan muchos años. Por ejemplo, cuando Spencer Silver creó la cola para los Post-it pensó que se trataba de un fallo. Silver intentaba crear un adhesivo ultrafuerte para su cliente 3M, pero en lugar de ello descubrió una cola muy débil que se pegaba a prácticamente todo, pero que podía despegarse con suma facilidad. El invento quedó en el cajón durante cinco años. Un día, el colaborador de Silver, Art Fry, estaba ensayando en el coro de su parroquia y se sentía frustrado porque los puntos de libro de papel se caían continuamente. Recordó el adhesivo de Silver, lo aplicó a una hoja de papel y ¡eureka!, ya había nacido el Post-it.

GENERALICE LA RIQUEZA

Tendemos a pensar que el mundo de la naturaleza es duro, feroz y despiadado. Haciendo un símil, decimos que el comportamiento en el mundo de los negocios se rige normalmente por «la ley de la selva». Pero la cooperación es una estrategia tan eficaz en la sala de juntas como lo es para cazar una presa.

Sólo hay que pensar en los vampiros. En *The Origins of Virtue*, su autor, Matt Ridley, describe la manera en que los vampiros buscan a los animales grandes con cortes y heridas abiertas, la fuente de su comida diaria. Es posible que los vampiros no sean unas criaturas simpáticas y agradables, pero saben compartir. Cuando un vampiro localiza una buena fuente de comida puede tener más de la que necesita, por lo que comparte su descubrimiento con otro vampiro. Su generosidad se verá recompensada cuando tenga un mal día localizando presas. El vampiro que se niegue a compartir aprenderá rápidamente que se le negará la sangre cuando la necesite. Los vampiros no pueden sobrevivir si no comparten sus presas.

Compartir comida ha sido también una de las características principales de prácticamente todas las sociedades humanas. Al fin y al cabo, tiene su lógica: el cavernícola que daba caza a un mamut no podía comérselo entero; así que podía compartirlo y de esta manera asegurarse de que podría comer cuando el cazador fuera otro.

Nosotros ya no confiamos en el vecino para nuestra siguiente comida, pero el instinto de compartir y cooperar forma parte de toda civilización. Si los vampiros pueden saber quién coopera y quién no, puede tener usted por seguro que sus amigos y colaboradores también hacen lo mismo.

Tal como señala el presentador estrella de programas de entrevistas Jay Leno, atesorarlo todo para uno mismo es en última instancia muy poco satisfactorio. «Si te comes todo el pastel te sentirás mal. Toma todo el que quieras, y después reparte el resto entre los demás», dice Leno. Cuando Jay celebró el décimo aniversario en The Tonight Show encontró la manera de compartir su éxito en el programa con los demás: dio a cada uno mil dólares de su propia cuenta bancaria, por cada año que habían estado trabajando en el programa. Puede parecer que no es mucho, pero hay que tener en cuenta que en el programa trabajan ciento setenta y cinco personas. Todo el mundo cobró esta cantidad, desde los oficinistas hasta los productores, lo que le da un significado especial. Si alguien llevaba ocho años en el programa recibía una paga de ocho mil dólares. «En lugar de limitarte a dar simplemente las "gracias", ofreces a tus colaboradores algo que sabes con certeza que es importante para ellos», dice Leno.

Para Yvon Chouinard, la fundadora de la compañía de ropa para actividades al aire libre Patagonia, compartir el pastel significa ofrecer a sus empleados las mismas ventajas que le estimularon a ella a fundar su propia compañía. «Aquí tenemos una política; se llama "Deja a los trabajadores salir a surfear". Una política que significa que cuando a alguien le vienen ganas de ir a hacer surf, debe poder salir e ir a surfear... Esta actitud cambia toda tu vida», explicó Chouinard al psicólogo Mihaly Csikszentmihalyi en el libro *Good Business: Leadership, Flow and the Making of Meaning*.

Podríamos sostener que Leno y Chouinard no están simplemente haciendo regalos, sino que están tomando unas decisiones comerciales muy acertadas. La principal razón por la que los americanos cambian de trabajo es porque no se sienten valorados ni queridos por sus superiores, según afirma el Departamento de Trabajo de Estados Unidos[1]. Cuando se piensa que el coste medio para una compañía cuando un director o un profesional la abandona es el equivalente al sueldo de dieciocho meses, la flexibilidad de horarios para poder practicar surf o una paga extra cada diez años son verdaderas gangas[2].

COMPARTA EL MÉRITO

Cuando creamos nuestra agencia, queríamos mostrar al mundo, y a los que no nos creían, que podíamos tener una compañía muy próspera y seguir yendo a casa a cenar todas las noches con nuestras familias. ¿Cómo lo hicimos? Aprendimos a relajarnos. Intentamos no preocuparnos por quién se lleva el mérito. Sencillamente queremos seguir construyendo nuestro negocio, haciendo el pastel más grande. Como era de esperar, esta actitud nos ha ayudado a trabajar mejor. Tal como dijo una vez Harry Truman, «es impresionante lo que puedes conseguir si no te preocupas por quién se lleva el mérito».

A todos nos gusta que nos reconozcan nuestros logros. En nuestra mente, muchos de nosotros tenemos a un público imaginario que nos aplaude o nos abuchea por nuestros éxitos o fracasos. Pero nosotros sostenemos que esto es contraproducente. Por un lado, no existe tal público; todo el mundo está demasiado absorto en su propia obra como para preocuparse por la de los demás. Citando al erudito budista del siglo XI Atisha Dipankara: «No hay que esperar el aplauso».

En segundo lugar, cuando se deja que los demás compartan la propiedad de una idea, se crea una comunidad de gente que ayudará a alimentar y a hacer crecer esta idea hasta crear algo mucho más grande de lo que nunca se hubiera imaginado. ¿A quién le importa si diez personas creen que la idea es «suya»? El resultado final será probablemente diez veces más fascinante que si uno se queda con todo el mérito.

NO SE PREOCUPE POR HACER ALGO GRANDE

Cuando Jennifer se unió a un grupo de ciudadanos de ayuda activa de su ciudad natal, Savannah, en Georgia, no se proponía cambiar el mundo. Se unió a este grupo porque creía en los objetivos de la organización: ayudar a las personas discapacitadas, una a una. Jennifer fue emparejada con Wendi, que sufría el síndrome de Hurler, un trastorno del desarrollo muy debilitante y terminal. Una ayuda proporcionada por el estado de Georgia permitía a Wendi recibir los intensivos cuidados que necesitaba en su hogar. Pero cuando Wendi cumplió los diez años, el estado canceló esta ayuda. «Iban a ponerla en un centro de asistencia de Florida, donde no tendría ningún contacto con su madre, su hermano ni sus abuelos», dijo Jennifer.

Puesto que la madre soltera de Wendi trabajaba en una fábrica y no podía realizar llamadas durante el día, Jennifer se convirtió en la defensora de Wendi, llamando a las autoridades del estado y defendiendo su caso. Finalmente, Jennifer y la familia de Wendi testificaron ante la junta de supervisión de Medicaid en Atlanta y consiguieron conservar la asistencia en el hogar para Wendi.

Ayudar a un niño enfermo es sin lugar a dudas un logro magnífico. Pero al hacerlo, Jennifer también ayudó a muchos otros niños discapacitados. Resulta que el testimonio de los amigos y la familia de Wendi ayudó a extender las ayudas de Medicaid a todo Estados Unidos.

Cuando uno empieza a ayudar a otra gente a conseguir su parte del pastel no es necesario proponerse unos grandes objetivos. No hay necesidad de cambiar el mundo. No obstante, dedicándose a preparar un pastel más grande descubrirá que no existen límites.

BUENOS PROPÓSITOS:
ORGANICE UN ENCUENTRO PARA ESTABLECER CONTACTOS

Organice una reunión festiva para establecer contactos. Invite a la fiesta a numerosas personas de ámbitos laborales totalmente distintos: su hermana dueña de un restaurante, un ingeniero de *software* con quien de joven fue a la universidad, un amigo de toda la vida que trabaja en un periódico local. Seleccione a personas que crea que van a disfrutar de la compañía de los demás (es decir, no invite al sujeto pasivo-agresivo del Departamento de Incidencias de su empresa). Pero más allá de ello, no programe ninguna actividad. Sólo intente ofrecer una velada agradable a sus invitados. Llegado el momento, siéntese y observe qué ocurre a lo largo de la fiesta. Es posible que su amigo que trabaja en una floristería pueda dar a su hermana que lleva un restaurante algunos consejos para atraer más bodas, ¡y quizás el amigo sea el elegido para poner las flores!

BUENOS PROPÓSITOS:
NO SE LO QUEDE TODO PARA USTED

Tal como decían Los Beatles: «Y, al final, el pastel que te comes es igual al pastel que preparas». Vale, no decían exactamente esta palabras, pero ya nos hemos entendido. Es decir, cada vez que alguien le dé una idea o un consejo o le haga una recomendación, no se los quede para usted. No se trata de buscar una compensación exacta. Si alguien que ocupa un cargo superior en su compañía le da un buen consejo, piense en la posibilidad de dar este mismo consejo a alguien inferior a usted, a quien le gustaría ayudar. Si alguien de la competencia le recomienda para un trabajo que él no puede asumir, intente devolverle el favor proporcionándole algunos contactos útiles. O, simplemente, haga algo amable pensando en él. Visite una residencia para la tercera edad. O llame a su abuela con el único objetivo de mostrarse cariñoso con ella. ¡Seguro que está deseando oír su voz!

BUENOS PROPÓSITOS:
DÉJESE DE COMPARACIONES

Tanto si queremos reconocerlo como si no, la mayoría de nosotros llevamos la cuenta de lo que tenemos y lo comparamos con lo que tienen los demás. Mi hermana tiene unos hijos encantadores, pero yo tengo una vida social más activa. Mi mejor amiga gana más dinero que yo, pero mi trabajo es más interesante que el suyo. Llevamos las cuentas de lo que tenemos nosotros y lo que tienen los demás y nos sentimos básicamente bien, siempre que la situación esté más o menos igualada. ¿Por qué no nos dejamos de comparaciones con los demás? ¿Por qué no dejamos de pensar que el éxito de los otros significa nuestro fracaso? Es posible hacerlo. Siempre que piense que ha perdido ventaja en relación con otra persona, dele aún más ventaja. Si se muere de envidia por el ascenso de alguien, felicítelo de todo corazón. Si su hermana acaba de comprarse una maravillosa casa de campo, haga una cena en su apartamento. ¿Por qué? se preguntará. Si empieza a actuar a partir de una sensación de abundancia, empezará a sentir realmente esta sensación. Una vez que empiece a experimentar esta riqueza, dejará de preocuparse por lo que puedan tener los vecinos.

4. ENDULCE EL TRATO CON LOS DEMÁS

Mientras iba de viaje de negocios de Los Angeles a Nueva York, Rachel Pine observó que la tripulación del avión estaba nerviosa y parecía muy agobiada. Así pues, cuando la azafata de vuelo fue a comprobar su cinturón de seguridad, Rachel le ofreció una galleta de chocolate de su paquete de tamaño familiar. «La tomó con una sonrisa, y estaba tan agradecida que me pareció que iba a romper a llorar», dijo Rachel. Poco después, la azafata volvió y pidió a Rachel que la acompañara a primera clase. «Entonces me dijo: "No puede imaginarse cómo ha sido el último vuelo. Si solamente uno de los pasajeros hubiera sido como usted, habría sido todo mucho más llevadero".»

De una galleta de chocolate a primera clase: resulta sorprendente el gran impacto que puede tener un gesto cariñoso o un comentario amable. Para conocer el éxito en más ocasiones a lo largo de su vida, vaya espolvoreando azúcar de vez en cuando. Si levanta la moral a la gente que le rodea, podrá recoger unas enormes recompensas. Las investigaciones de los psicólogos David G. Myers y Ruut Veenhoven demuestran que las personas que están de buen humor tienen más posibilidades de ayudar a los demás. Los empleados con un carácter jovial muestran una mayor tendencia a juzgar favorablemente al candidato entrevistado para un puesto de trabajo que las personas que están de mal humor[1]. Es probable que ya lo haya descubierto a partir de su propia experiencia. El hecho es que todos respondemos favorablemente cuando se nos ofrece amabilidad. Además, las investigaciones han demostrado que cuanto más feliz sea un empleado, más productivo y creativo será. «Sentirse bien estimula la eficacia mental, se comprende mejor la información y se utilizan de manera más eficaz las normas para tomar decisiones en los juicios complejos», escribe el psicólogo Daniel Goleman en su libro *Primal Leadership*. Goleman descubrió que los sentimientos positivos en el lugar de trabajo hacen que los empleados se comporten de una manera más ética y que colaboren mejor en el trabajo en equipo. Y puesto que son más felices, es menos probable que quieran cambiar de trabajo e irse a otra compañía.

La próxima vez que se reúna con un nuevo cliente o con un viejo amigo, no importa, ¿por qué no empieza halagando su aspecto o su manera de vestir? Algunas veces nos olvidamos de establecer una relación personal antes de entrar de lleno en el tema del negocio o en la cuestión que deseamos discutir. Por ponerlo en términos económicos, se consigue más dinero con un poco de amabilidad y don de gentes que con un montón de documentos y gráficos llenos de cifras y estadísticas. Se ha demostrado científicamente que en todos los encuentros que tenemos a lo largo del día, sólo el 7% de nuestra comunicación es verbal. El 93% restante procede de factores no verbales, como los gestos, las expresiones faciales y el tono de la voz. La gente rara vez recuerda quién pronunció el discurso más impactante en una reunión de negocios, pero sí que recuerda quién tenía mejor aspecto, sonrió más y mostró mayor interés.

COMPARTA SU PASTEL CON LOS DEMÁS

Gail era una diseñadora gráfica independiente con el típico problema de las personas que trabajan por su cuenta: mucho trabajo, pero pocos ingresos. Aunque su negocio llevaba un buen ritmo y su facturación era alta, los clientes simplemente no le pagaban las facturas. «Mi dinero parecía atascado en sus cuentas bancarias», dice Gail.

Gail probó diversas tácticas para convencer a sus clientes para que le pagaran, desde cartas con un «Pague pronto, por favor», adornadas con iconos de sonrientes caras, hasta diplomáticas llamadas telefónicas. Sin embargo, nada funcionó. Desesperada, dio con lo que terminó siendo una idea brillantemente efectiva: sobornarles con dulces caseros. Les enviaba cartas recordándoles las facturas pendientes con el atractivo de que, si pagaban antes de una fecha concreta, les recompensaría con galletas, pastelitos, tartas recién hechas, lo que quisieran. Y funcionó.

Normalmente, actuamos como si los negocios fueran muy complicados, convenciéndonos a nosotros mismos de que nuestras políticas deben ser ultrarracionales, y nuestra manera de abordarlos, de alta tecnología. Nos centramos en nuestras técnicas de negociación y en nuestras capacidades intelectuales. Insistimos una y otra vez en utilizar nuestras habilidades, y si no funcionan, maldecimos el nombre de la prestigiosa escuela de administración de empresas a la que asistimos durante tantos años. Olvidamos que algunas veces un simple incentivo o una sencilla recompensa pueden ser mejores que los sistemas más sofisticados. Tener un máster en Dirección y Administración de Empresas conseguido en Harvard o Wharton está muy bien, pero algunas veces un título universitario no puede competir con un simple vaso de limonada bien frío en una calurosa tarde de verano.

O con una Cherry Coke. Antes de entrevistar a Warren Buffett para un anuncio de la radio sobre la Bolsa de Nueva York, Linda leyó en su biografía que le encantaba la Cherry Coke a todas horas del día y de la noche. También había hecho su agosto con las acciones de Coca-Cola, lo que hace que cualquiera tenga un sentimiento especial hacia cualquier marca. Así que justo antes de la entrevista le invitó a tomar su refresco favorito. Observó la lata y sonrió. «Linda», dijo, «te diré todo lo que quieras saber, ya que me has traído una Cherry Coke».

¿Cuánto costó esta bebida?, ¿un dólar? Sin embargo, este sencillo gesto permitió acceder a una de las mentes más brillantes del mundo de los negocios.

La próxima vez que alguien próximo a usted esté malhumorado o enojado, pruebe a darle algunas chocolatinas u ofrézcale unos caramelos. Aunque los científicos aún no han conseguido descubrir completamente los misterios del chocolate, sí saben que contiene diversos compuestos orgánicos que provocan sensaciones de bienestar en el cerebro humano. El triptófano del chocolate, por ejemplo, permite al cerebro producir serotonina, un compuesto orgánico que puede provocar sensaciones de euforia y éxtasis. Y la feniletilamina del cacao estimula los centros de placer del cerebro y produce sensaciones de felicidad, incluyendo alegría, atracción y excitación[2].

Evidentemente, no es necesario ser biólogo ni químico para entenderlo. Fue una de nuestras brillantes directoras artísticas, Whitney Pillsbury, quien sugirió dar chocolate a los clientes. Mencionó que siempre nos gustaban más sus ideas si íbamos mordisqueando los M&Ms que ella llevaba a las reuniones. Algunas jornadas más tarde, empezamos a utilizar este delicioso truco con nuestros clientes, colmándolos con bombones antes de presentarles nuestro trabajo. Ya sea debido a los dulces o a nuestra hospitalidad, nuestros invitados parecían más receptivos a algunas de nuestras «extravagantes» ideas. Ahora hemos aumentado la oferta y hemos incluido pastelillos de chocolate y nueces, galletas y trufas ¡para los clientes especialmente difíciles!

DIVIÉRTALES

Cada mañana, los empleados de la compañía Electrical Products of India se reúnen para reír. Los directivos de la compañía explicaron al especialista en problemas laborales Michael Kerr que la sesión de risas diaria había aumentado la productividad, mejorado las relaciones entre los empleados y reducido las enfermedades relacionadas con el estrés, como los dolores de cabeza y los resfriados.

Puede parecer una bobada, pero Daniel Goleman explica que las investigaciones sobre el humor demuestran que los chistes y las risas en el lugar de trabajo estimulan la creatividad de los empleados y mejoran la comunicación y la confianza entre ellos. En una negociación, el intercambio casual de algunas bromas divertidas mejora la posibilidad de concesiones financieras.

¿Teme que si explica algunos chistes en el trabajo sus empleados no le tomarán en serio? Piénselo de nuevo. La investigación de Goleman demuestra que los líderes considerados como sobresalientes, según su rendimiento financiero y las calificaciones dadas por sus compañeros y sus superiores, tendían a realizar tres veces más comentarios ocurrentes que los ejecutivos con una valoración media. No obstante, esto no significa que deba empezar a ensayar un proceder cómico ni que deba ir vestido de payaso o caminar haciendo tonterías.

Tal como apunta Goleman, el humor corporativo más efectivo no es el que procede de los chistes ensayados, sino el que se gesta con bromas amables y situaciones divertidas.

ESPOLVOREE AZÚCAR

Helene Stapinski estaba sentada en un elegante restaurante de Los Angeles esperando su turno para hacer una lectura de su primer libro, unas memorias tituladas *Five-Finger Discount*. Antes de entrar en la sala se había notado nerviosa, pero ahora estaba realmente aterrorizada. La persona que leía justo antes que ella era un excelente actor, muy famoso, que estaba recitando una divertida pieza que tenía a todo el público riendo a carcajadas. Helene también estaba riendo, pero tenía los nervios destrozados. «No podía dejar de pensar: "¿Cómo voy a leer después de este gran actor?" Era una verdadera pesadilla», dice Helene. Al fin y al cabo, el libro de Helene tenía muchos chistes y pasajes divertidos, pero nunca pretendió que fuera una comedia.

Pero, cuando salió a leer, Helene descubrió que no había tenido nunca un público más receptivo y agradecido. **49**

«Se reían de fragmentos con los que nunca antes nadie se había reído, de frases que nunca pensé que fueran tan divertidas», dijo Helene.

Helene descubrió algo que los humoristas profesionales saben muy bien: el público no tiene una cantidad finita de buen humor. Al contrario, cuanto mejor sea el número anterior, más les gustará el siguiente. Es por ello que los teatros programan un número de calentamiento antes de que empiece la atracción principal. Cualquiera que haya asistido a la emisión en directo de un programa como *The Tonight Show* o *The Late Show* sabe que la función real no empieza con el monólogo de Jay o de Dave. Un humorista actúa para el público antes de que las cámaras empiecen a emitir, con el objetivo de calentar el ambiente antes de que Leno o Letterman salgan al plató. Los productores saben que el número inicial «no agota» las risas. Al contrario, carga el depósito de la diversión que todos llevamos dentro para que las risas surjan más fácilmente.

Tal como dijo en una ocasión un erudito talmúdico, no podemos conseguir más si no repartimos lo que tenemos. Todos tenemos un tazón de azúcar en nuestro interior, así pues, ¿por qué no lo repartimos? Verá cómo sus reservas se irán reponiendo sin darse cuenta.

ESBOCE UNA SONRISA

Piense en la última vez que jugó con un niño pequeño. Cuando usted se tapó los ojos con las manos, él hizo lo mismo. «Imitar» es un comportamiento humano natural. A través de la imitación nuestra especie puede aprender, comunicarse y empatizar con los demás. Nuestra propensión natural a imitar significa que con frecuencia «captamos» el estado de ánimo de quienes nos rodean, y ésta es la razón por la que una puede empezar a sentirse angustiada cuando el marido se pone nervioso por tener que ir a visitar a su madre, o por la que un nuevo empleado de trato fácil y optimista cambia la energía en una oficina.

La buena noticia es que las emociones positivas son más contagiosas que las negativas. Un estudio de la Yale University School of Management demostró que la jovialidad y la simpatía se expanden más rápidamente por una oficina que la irritabilidad y la depresión. ¿Cuál es la mejor manera de esparcir estos buenos sentimientos? La respuesta es sencilla: con una gran sonrisa, el gesto más contagioso de todos.

Linda se dio cuenta de ello después de derrochar dinero en algunas operaciones odontológicas de cirugía estética:

Desde que era una niña estaba preocupada porque veía que yo no tenía los dientes perfectamente alienados que veía en las modelos y actrices de las revistas. Así que crecí sin sonreír mucho. Odiaba mi dentadura. Después me pusieron fundas y, al cabo de tres meses, ya tenía las brillantes perlas blancas con que siempre había soñado. En aquel momento tenía muchos motivos para sonreír y empecé a hacerlo continuamente. Cuando mi marido iba a echar la basura, le dedicaba una amplia sonrisa. Cuando mi ayudante me traía el primer café de la mañana, le esbozaba una sonrisa de aprecio. A excepción del funeral de una tía muy mayor, todos los encuentros eran una excusa para sonreír. El resultado: todos los que me rodeaban también empezaron a sonreírme. Las reuniones con los clientes eran más amistosas, las negociaciones eran más agradables, los colaboradores se sentían más apreciados. ¿Y el mejor resultado? Un año más tarde, Robin fue al mismo dentista, el Dr. Robert Sorin, y ahora tengo la compañera de trabajo más feliz que pueda imaginarse.

Cuando sonríes a los demás, literalmente les «contagias» la felicidad. El psicólogo Fritz Stack lo descubrió cuando pidió a los participantes en un estudio que sujetaran un lápiz con los dientes, lo cual activa los músculos de la risa. Mientras estaban sonriendo, los participantes encontraban las historietas cómicas más divertidas que cuando no lo hacían. Traducción: es mucho más fácil conseguir que un cliente, el jefe o la pareja sean más receptivos a sus ideas si se dicen las cosas con amabilidad y una sonrisa.

LO BUENO DE SER BUENO

OFREZCA UN REGALO

¿Alguna vez se ha preguntado por qué los vendedores de coches ofrecen flores o incluso reproductores DVD al cliente después de que éste haya comprado un vehículo? La razón es muy sencilla: el pequeño regalo hará que disfrute más de ese artículo tan caro. Los estudios han demostrado que los clientes que recibieron un pequeño regalo después de realizar una compra importante, como un coche o un televisor, se mostraron más satisfechos con el producto que quienes no lo recibieron[3].

Nuestra amiga Geraldine Laybourne, directora general y fundadora de la empresa Oxygen y una pionera en la televisión por cable, lo descubrió cuando intentaba que su red fuera captada por EchoStar Communications, la operadora de televisión por satélite DISH Network. «Habíamos estado trabajando en este acuerdo durante años, y muchas veces habíamos estado cerca de conseguirlo», dice Laybourne. Pero siempre fracasaba. Laybourne se sentía frustrada, pero mantenía una relación amable con el director general de EchoStar, Charlie Ergen, se escribía con él por correo electrónico y visitaba EchoStar con otros miembros de Oxygen para ofrecer sus ideas sobre las telespectadoras femeninas. Pero, quizás, la maniobra más inspirada de Laybourne fue la más sencilla. Después de que EchoStar lanzara una campaña publicitaria en la que tenían un gran protagonismo los cerdos, la oficina de Laybourne le colmó con productos del cerdo: tocino precocinado, el lunes; jamón, el martes; costillas, el miércoles, y una nota que decía: «Ahórrese otras partes del cerdo, firme un contrato con Oxygen».

Ergen apreció los regalos, pero el acuerdo siguió sin cerrarse. «En aquel momento no funcionó, pero sirvió para que viese que éramos creativos, siempre positivos, siempre divertidos.» Entonces, unos dos años más tarde, EchoStar tuvo un conflictivo aumento de tarifas con otra red para mujeres. Los miembros de EchoStar enseguida llamaron a Oxygen. «Dijeron que querían hacer negocios con nosotros porque éramos positivos, y aunque algunas veces nos pudiéramos sentir frustrados siempre mirábamos las cosas por el lado "amable" y continuábamos intentándolo», explica Laybourne. A principios de 2006, Oxygen firmó un contrato con EchoStar para estar en siete millones de hogares, como mínimo. Un pequeño trozo de jamón puede recorrer un largo camino.

HAGA CUMPLIDOS

Un joven preguntó una vez a Abraham Lincoln si no era irritante que le pidieran autógrafos constantemente. «Los hombres aguantan mucho más si se les halaga», replicó el presidente.

Las palabras de Lincoln son tan ciertas ahora como lo fueron en su día. A todos nos gustan los cumplidos. Pero normalmente nos mostramos bastante reacios a hacerlos. Linda recuerda:

Cuando trabajaba en otra agencia me compré un vestido nuevo muy bonito. Estaba muy orgullosa de él. Acababa de tener un hijo y estaba intentado recuperar mi peso, y me sentía muy bien con ese vestido. Pero durante todo el día nadie me dijo nada sobre él. Me sentí muy decepcionada. Al final pedí a uno de mis compañeros por qué nadie había mencionado mi vestido para nada. Me miró secamente y dijo: «Es un traje chaqueta». [En inglés, law suit significa a la vez traje-chaqueta y litigio o pleito.]

Es decir, la gente tenía miedo de ofrecer a sus compañeros de trabajo y conocidos incluso el más inocente de los cumplidos, miedo de que una palabra amable sobre el vestido o el peinado de otra persona pueda malinterpretarse. Todos necesitamos relajarnos. Si sistemáticamente comenta a su ayudante veinte años más joven que usted los magníficos pectorales que tiene, es muy probable que oiga algunas quejas. Pero, en la mayoría de los casos, decir a alguien que tiene un buen aspecto, que lleva un peinado que le favorece o que tiene una personalidad magnética es casi siempre muy bien recibido.

Algunas personas se abstienen de dar cumplidos porque tienen miedo de ser vistos como falsos o zalameros.

LO BUENO DE SER BUENO

Pero vamos a decirle algo: si le preocupa que un cumplido pueda sonar falso o zalamero, entonces es muy probable que no sea así. El mismo hecho de que se preocupe por ello significa que usted no es un hábil fingidor, y no será visto de esta manera.

¿Pero qué pasará si resulta que usted es un adorable cascarrabias y de repente empieza a repartir chocolatinas a sus compañeros de trabajo y a hacer comentarios positivos sobre sus peinados o sus atuendos? Lo bueno de endulzar el entorno es que sólo se necesita una pizca de azúcar para conseguirlo. Y si usted tiene reputación de ogro, cualquier elogio o comentario por su parte será aún más significativo. Karen, la presidenta de una pequeña compañía, tenía cierto mal genio. Cuando se agobiaba regañaba a todos los que estaban a su alrededor. Intentaba controlar sus comentarios y su comportamiento, pero en el calor del momento no podía evitarlo.

Así que Karen aprendió a compensarlo. En primer lugar, siempre pedía perdón cuando su mal genio le hacía mostrar lo peor de ella. Y lo que es más importante, convirtió en una costumbre el hecho de elogiar a sus empleados, y no se limitaba sólo a ofrecerles un «buen trabajo». Uno de los antiguos empleados de Karen dijo: «Cuando hacías algo bien, Karen te hacía sentir como la persona más inteligente y con más talento del mundo. Se volvía loca por elogiarte, y esto te daba fuerza para compensar las veces en que se mostraba desagradable o crítica. Podías soportarlo, porque antes te había dado una gran confianza en ti mismo».

Karen siguió fiel a su excéntrica personalidad, pero al mismo tiempo ofrecía los amables comentarios que el personal necesitaba. Ser bueno, es decir, actuar con humanidad significa ser *amable*, no *falso*.

BUENOS PROPÓSITOS: ESBOCE UNA SONRISA

Algunos estudios llevados a cabo por eminentes psicólogos han demostrado que el simple acto de sonreír hace que uno se sienta mucho mejor, y que tiene el mismo efecto beneficioso en la gente de alrededor. Así que usted debería intentar adoptar la costumbre de sonreír más a menudo. Para practicar, pruebe a sonreír a los extraños con quienes se encuentre en la calle. Si vive en una gran ciudad, en la que la gente va siempre con prisas, escoja a una persona en cada esquina. Empiece con los niños, o incluso con los perros. Después sonría a los adultos que se muestren amables y receptivos. Al cabo de un tiempo, ya estará preparado para sonreír incluso a la persona más huraña. Ésta puede devolverle o no la sonrisa, pero esto no debe tener ninguna importancia para usted, porque lo que usted desea es que llegue el momento en que sonreír sea algo tan natural como respirar.

BUENOS PROPÓSITOS: IMITE A LOS MAESTROS

No es necesario ser un cómico profesional para conseguir que la gente sonría, pero observarlos puede ser de gran ayuda. Estudie sus comedias o programas de televisión preferidos; memorice no sólo los chistes, sino también el ritmo y la cadencia. Repita lo aprendido ante sus amigos y compañeros. El objetivo no es robar ninguna idea, ya que siempre puede explicar dónde aprendió el chiste que está contando, sino practicar para hacer reír a los demás. (Aunque, evidentemente, no es nada malo que le asocien a uno con el ingenio y la maestría de Jon Stewart o Will Ferrell.) Una nota de precaución: esta costumbre conlleva el peligro de excederse. Si imita constantemente la voz nasal de su personaje preferido de Saturday Night Live, sus compañeros dejarán muy pronto de divertirse con sus payasadas.

LO BUENO DE SER BUENO

BUENOS PROPÓSITOS:
OFREZCA UN DULCE

BUENOS PROPÓSITOS

Tenga siempre a mano algunas golosinas en su mesa de trabajo. Cuando alguna visita parezca tensa, cansada o malhumorada, abra el cajón y ofrézcale algo dulce, o anímele a coger un caramelo de la bandejita colocada a un lado de la mesa. (Nota: las galletas caseras son las más apetitosas.)

56

5. AYUDE A SUS ENEMIGOS

Cuando Marla se inició en el mundo de la televisión tuvo la mala fortuna de tener un jefe terrible. «Literalmente hacía trabajar al personal hasta la extenuación. La gente abandonaba agotada, y después él se limitaba a contratar a nuevo personal», dice Marla. Era tan déspota que una vez llamó a una enfermera y le pidió que trajera cápsulas de vitamina B_{12} para repartirlas gratuitamente entre los empleados de manera que tuviesen más fuerza y estuviesen más sanos para poder trabajar más y mejor.

En el transcurso de los años, Marla ascendió en su puesto laboral y pasó de trabajar en el plató al departamento de producción; ahora es una alta ejecutiva de uno de los estudios más importantes de Hollywood. Uno ya puede imaginarse la sorpresa de Marla cuando, años más tarde, supo que su antiguo jefe iba a proponerle un proyecto. En una situación totalmente a la inversa, ahora era *ella* la que tenía el poder para aceptar o rechazar el proyecto de su ex jefe. «¡Oh, qué placer! ¡Qué emoción! ¡La escalofriante posibilidad de devolverle lo que me había hecho a mí y a todos los otros miembros de su personal! Pero entonces oí la voz de mi madre dentro de mi cabeza: *Desmóntalo con la amabilidad.*»
Y esto es exactamente lo que ella hizo. «Podía verle la desconfianza en los ojos cuando me ofrecí para traerle un café en lugar de

mandar a mi ayudante a buscarlo. Se puso realmente nervioso cuando le pregunté por sus hijos», explica Marla. «Y después, durante la exposición de su propuesta, dejé que presentara tranquilamente su proyecto mientras yo le escuchaba atentamente.»

Para alivio de Marla, la idea era terrible, lo que le puso las cosas fáciles para rechazarla de una manera honesta. Pero le escribió una nota muy educada, agradeciéndole su tiempo y dándole a entender que siempre sería bienvenido para presentarle otros proyectos.

Años más tarde, Marla se encontró trabajando en un acuerdo televisivo de gran importancia. «Adoraba este proyecto. Sabía que si podía conseguir los derechos de este trabajo mi carrera se proyectaría directamente hacia arriba», explica Marla. Pero se quedó sin habla cuando supo con quién tendría que negociar: ¡su antiguo jefe! «Esta vez era él quien tenía el poder. Sin embargo, abrumándole con mi amabilidad en nuestro primer encuentro había dado la vuelta a nuestra relación», explica Marla. «Aunque estoy segura de que no va a ganar nunca ningún premio a la buena educación, sí que me mostró el debido respeto y, lo que es más importante, aceptó el acuerdo que yo necesitaba. Nunca había estado tan contenta de haber escuchado las palabras de mi madre y de haberme resistido al impulso de la venganza.»

Marla había abrazado un principio que a nosotros nos ha ayudado enormemente a lo largo de nuestras carreras y nuestras vidas: ayudar a tus contrincantes puede ser una de las cosas más valiosas que puedes hacer para ti mismo.

Vivimos en una cultura en que el resultado final debe ser siempre un número absoluto, sin decimales. En un mismo año sólo puede haber un único presidente, un único Óscar a la mejor película y un único ganador de la medalla de oro de decatlón. Pero aunque estos acontecimientos acaparan los titulares de todas las portadas de los periódicos, nuestras vidas no son películas en blanco y negro. Existen muy pocos hombres y mujeres que vayan a recibir el premio a los mejores esposos o esposas de reparto.

Nuestra cultura nos impulsa a enfrentarnos con nuestros semejantes. Quienes se dedican a los negocios leen la sección de economía de los periódicos para ver cuál es la situación de su compañía con relación a las demás. Los padres se pelean entre sí para conseguir que sus hijos vayan a las mejores escuelas. Vemos a quienes persiguen nuestros mismos objetivos laborales o personales como nuestros enemigos. Ésta es la razón por la que, cuando nos enteramos de la buena suerte de alguien, nos sentimos desalentados. Y, a la inversa, cuando vemos que la competencia hace las cosas mal, algunas veces sentimos un malvado placer.

¿Pero, al fin y al cabo, quién es el enemigo? Existen muy pocas personas en este mundo a quienes podamos considerar realmente como nuestros enemigos. Podemos poner el ejemplo de Osama Bin Laden, pero, dejando de lado estas excepciones evidentes, la mayoría de las personas a quienes consideramos nuestros enemigos son en realidad simplemente individuos que hieren nuestro amor propio, como el colaborador que consigue el ascenso en nuestro lugar o la pareja que tiene el valor de dejarnos por otro. Es por ello que un divorcio puede ser algo tan terrible. En realidad, a nadie le importa quién va a quedarse con la colección de discos de grandes éxitos de Barry Manilow. Los ex cónyuges arremeten contra todo porque sienten herido su orgullo.

Cuando se aprende a dejar de lado el orgullo y a no dar importancia a la puntuación conseguida, se descubre que todo puede hacerse mucho mejor. Porque, en la vida, la mayoría de las veces no es una cuestión de yo contra ti. Normalmente, trabajamos en equipo. Cooperamos. Las civilizaciones se basan en ello. Puede haber un único presidente, pero son necesarios 535 congresistas para ejercer el poder legislativo. Usted y su colaborador pueden entrar en un enfrentamiento amistoso para ver quién consigue más ventas, pero lo que importa es que ambos deberán trabajar bien si lo que quieren es que aumenten los ingresos y el valor de la compañía en Bolsa.

La manera en que los actores de la exitosa serie televisiva *Friends* renovaron sus contratos es un buen ejemplo de ello.

Se dieron cuenta de que podían aumentar su poder de negociación —y los saldos de sus cuentas bancarias— si negociaban sus salarios como un grupo en el que todos recibirían el mismo sueldo. Podían haber entrado en una terrible batalla de egos para decidir quién era la estrella de la serie, si Jennifer Aniston o Lisa Kudrow, pero en lugar de ello dejaron de lado la tarjeta de puntuaciones y alargaron la vida del proyecto. ¡Y, evidentemente, hicieron un gran negocio!

POR QUÉ LA COOPERACIÓN DERROTA A LA COMPETENCIA

Para entender mejor por qué la cooperación es una estrategia tan potente, piense en un conocido experimento psicológico llamado «el dilema del prisionero». En este experimento hay dos jugadores y un banquero. Cada jugador tiene dos tarjetas. Una tarjeta dice «cooperar», y la otra, «desertar». Cada jugador debe decidir si coopera o no sin saber qué va a hacer su contrincante. Si ambos jugadores cooperan, cada uno recibe trescientos dólares. Si ambos desertan, cada uno recibe una multa de diez dólares. Así pues, el incentivo está en cooperar, *pero sólo si el otro jugador toma la misma decisión*. No obstante, si un jugador coopera y el otro deserta, el desertor gana quinientos dólares y el que coopera recibe «la paga del bobo», una multa de cien dólares.

En principio, puede parecer que desertar es la mejor opción, ya que conlleva la recompensa más alta y la multa más baja. En realidad, desertar es la mejor opción, *pero sólo si se juega una vez*. Los investigadores han descubierto que cuando se realiza este juego diversas veces los participantes empiezan a cooperar. Este juego estimula la autorregulación, dado que nadie puede desertar durante mucho tiempo sin que el otro jugador empiece a castigarle desertando también. Los jugadores se dan cuenta rápidamente de que la mejor estrategia para garantizar el éxito es olvidarse de la gran recompensa de quinientos dólares e ir a buscar sistemáticamente la de trescientos dólares[1].

Cualquiera que haya comprado o vendido algo en eBay alguna vez comprende este principio. Imaginemos que usted intenta vender un jarrón antiguo de su abuela, que es muy bello pero tiene una gran desportilladura en la parte posterior. Si no menciona esta desportilladura en la descripción del producto va a obtener un precio más alto por el jarrón. No obstante, si lo hace ya puede olvidarse de vender nada más en este sitio, porque eBay ha creado un sistema para castigar a los tramposos y recompensar a los que cooperan: el formulario de evaluación. Los compradores y los vendedores expresan de manera rutinaria sus opiniones sobre las transacciones, indicando si consideran que la otra parte fue honesta o no. La persona que recibió el jarrón dañado informará sin lugar a dudas de ello, y a partir de este momento encontrará muy pocas personas dispuestas a hacer negocios con usted.

En eBay y en la vida, la deserción sólo funciona a corto plazo. Porque la mayor parte de las veces no tratamos a los demás sólo en una ocasión. ¿Qué hacemos antes de reunirnos con un potencial nuevo cliente o con una cita a ciegas? Lo buscamos en Google. En la era de la información al instante, nadie puede salirse con la suya tratando mal a los demás. Por esta misma razón, nuestro sistema de comunicación al instante también puede ayudar a alguien con una reputación intachable a impresionar tanto a los amigos como a los enemigos.

A continuación, encontrará algunas estrategias que hemos aprendido a lo largo de los años para cooperar con los demás y para convertir incluso a nuestros enemigos en aliados y amigos.

PRESENTE SIEMPRE SU MEJOR TRABAJO

Como ávida patinadora sobre hielo, Robin sabe que la mejor manera de ganar en una competición es presentando el mejor número de patinaje que haya ensayado una y otra vez. Los patinadores saben que no sirve para nada fijarse en los contrincantes, ya que uno no puede hacer nada para cambiar lo bien o lo mal que patinan los demás. Sólo es posible ganar con la propia interpretación. Todo el tiempo que Robin dedica a pensar «Bueno, ella va a hacer esto, así que yo haré aquello» es energía desperdiciada. Desgasta la confianza en uno mismo. Y la verdad es que, aunque un contrincante caiga al realizar un doble axel, esto no va a ayudarle a usted a hacer bien sus piruetas.

Hay una cantidad finita de energía que cada uno de nosotros tiene que gastar cada día. Así pues, ¿a qué desea dedicar esta energía?, ¿a perfeccionar su juego o a intentar perjudicar a los demás? Cada vez que entra en el cuadrilátero con un contrincante está apartando la vista del premio. Pasarse todo el rato luchando contra alguien es la manera más rápida de perder un negocio, ya que no se dedicará a construir nada. Está gastando su energía para perjudicar a alguien. Es agotador y no lleva a ningún sitio.

Pudimos descubrir lo bien que puede aplicarse la norma del patinaje sobre hielo a los negocios cuando una importante compañía del sector de la alimentación invitó a The Kaplan Thaler Group y a otra agencia a realizar una oferta para un nuevo negocio.

El cliente quería que trabajáramos en colaboración y que compartiéramos la información. Así que asistimos a sesiones de lluvia de ideas y de investigación conjuntas, aunque después desarrollábamos nuestras campañas por separado, puesto que ambas agencias competíamos entre nosotras para conseguir el trabajo. Pero entonces se produjo una circunstancia difícil: el cliente quería que una persona coordinara el flujo de información y que garantizara que todo el mundo recibía todos los faxes, mensajes electrónicos, calendarios de reuniones y demás, y dio esta responsabilidad a Robin.

Evidentemente, se suponía que tenía que ser objetiva, ¿pero cómo podía serlo completamente? Tenía el poder para seleccionar la información que iba a compartir con el otro equipo. Podía decidir en qué reuniones se les incluiría y en cuáles no. Sólo iba a ser necesario un «¡Vaya! ¿No recibieron el mensaje? ¡Qué extraño!».

Estábamos muy nerviosos por conseguir el cliente. En la otra agencia eran muy listos y tenían talento. Pero desde el primer momento tomamos una decisión crítica. No podíamos permitirnos el lujo de dedicar ni un segundo de nuestra atención a nada que no fuera el trabajo en sí. Todo el tiempo dedicado a pensar cómo podíamos ser más listos que la competencia o cómo podíamos vencerles políticamente no haría más que aumentar nuestras posibilidades de perder. Así que compartimos toda la información que recibimos y les invitamos a todas las reuniones.

También nos mantuvimos callados cuando supimos que uno de sus ejecutivos había volado hasta la oficina del cliente en la Costa Oeste para una «reunión secreta» con el vicepresidente ejecutivo. Nos olvidamos totalmente de los aspectos políticos y nos limitamos a trabajar.

Y llegó el momento de la verdad: nos llamaron a nosotros y conseguimos el trabajo. Aunque la otra agencia tenía una fuerte relación previa con el cliente, al final fue el trabajo y no la política lo que nos dio el contrato. También nos ganamos la admiración del cliente por nuestra habilidad para colaborar tan bien con la competencia.

De acuerdo, algunas veces tener un adversario puede espolearte. Es verdad que los atletas corren más veloces en las carreras que en los entrenamientos. Pero incluso en una carrera muy igualada existe una manera «amable» de comportarse. Piense en el famoso choque entre Mary Decker y Zola Budd en la final de los 3.000 metros femeninos de los Juegos Olímpicos de 1984. La estadounidense Mary Decker era la favorita para ganar la carrera, pero la sudafricana Zola Budd, que corría por Gran Bretaña, era una contrincante a tener en cuenta. En la marca de los 1.700 metros, Budd bloqueó accidentalmente a Decker y la hizo caer al suelo. Budd siguió corriendo, mientras que Decker quedó tendida en la pista llorando. Budd terminó séptima mientras el público la abucheaba. Nunca pudo restablecer su maltrecha reputación. ¿Puede imaginar lo diferente que habría sido la vida de Budd si en esa fracción de segundo se hubiera detenido y hubiera ayudado a Decker a levantarse? No habría ganado el oro, pero habría sido admirada en todo el mundo.

OBSEQUIE A LA COMPETENCIA

En el jurado del National Press Club de 2005 pudo oírse a Newt Gingrich elogiando a la senadora Hillary Clinton, diciendo cosas como «la senadora Clinton tiene toda la razón» y «Hillary ha señalado la dirección correcta que debemos seguir»[2].

¿A qué viene todo eso? A mediados de los años noventa, Gingrich, como líder de la mayoría en el Parlamento, atacó duramente las propuestas de asistencia sanitaria de Hillary Clinton y exigió el proceso de destitución de su marido. ¿Y ahora de repente son los mejores amigos?

Resulta que los dos antiguos rivales están de acuerdo en muchas cuestiones de la política de asistencia sanitaria y de preparación militar. ¿Qué mejor manera de hacer llegar el mensaje que conseguir que se fijen en uno uniéndose a la pareja más extraña imaginable?

Newt y Hillary se dieron cuenta de que en estas cuestiones era mucho más provechoso trabajar juntos que no atacarse mutuamente. Y aunque todo el mundo tiene muy claro que esto no es una señal de una distensión permanente entre Demócratas y Republicanos, si Newt y Hillary pueden trabajar juntos como mínimo durante un tiempo, sin lugar a dudas todos nosotros podemos buscar puntos de acuerdo con nuestros propios presuntos enemigos.

Los jefazos de Sony y Samsung también se han dado cuenta de ello. Los dos fabricantes de electrónica más importantes a escala internacional han mantenido una dura competencia durante años. En realidad, el éxito de estas dos compañías se había convertido en una cuestión de orgullo nacional para Japón y Corea, sus respectivos países. En consecuencia, muchos usuarios se sorprendieron cuando las dos compañías empezaron a trabajar *juntas* para crear televisores de pantalla plana. Los jefes de ambas empresas transnacionales decidieron que cada una de ellas podía beneficiarse de los puntos fuertes de la otra. Samsung tiene una tecnología más avanzada, pero Sony tiene más experiencia en su aplicación a los productos de consumo. Trabajando juntos, ambos gigantes de la electrónica mejoran la calidad de todos sus productos[3].

Una vez que se supera la idea de que para cada vencedor debe haber un perdedor, empiezan a suceder cosas asombrosas. Fijémonos en los Tres Tenores. El mundo de la ópera es conocido por sus divas; ¿quién podría haberse imaginado a tres de sus más grandes estrellas juntas en un escenario? Pero cuando Luciano Pavarotti, Plácido Domingo y José Carreras compartieron cartel consiguieron aumentar aún más su fama y crearon el álbum de música clásica más vendido de toda la historia.

TRATE A LOS ADVERSARIOS DE HOY COMO ALIADOS DE MAÑANA

Durante la Guerra de Independencia americana, George Washington insistió en que sus soldados trataran bien a los prisioneros. Incluso los mismos prisioneros se sorprendieron de recibir un trato tan humano. En *Washington's Crossing*, el historiador David Hackett Fischer cita una de las órdenes de Washington al teniente coronel Samuel Blachley Webb: «Usted estará al cargo de los soldados del ejército británico... Trátelos con humanidad y no permita que tengan ningún motivo para quejarse. No debemos copiar el brutal ejemplo del ejército británico en el trato que dispensan a nuestros desgraciados aliados... Deles todo lo que necesiten para el camino».

Washington no estaba simplemente siendo una persona respetuosa. Sabía que estos prisioneros a la larga podían ser ciudadanos de unos jóvenes Estados Unidos de América. Quería que volvieran al lado de los colonos. Y, efectivamente, después de la guerra esto fue lo que hicieron muchos de ellos.

El padre de los EE.UU. era mucho más previsor que la mayoría de nosotros. A causa de nuestra cultura altamente competitiva, es muy fácil olvidar que la gente cambia de equipo a cada momento. El jugador de béisbol de su equipo preferido firma un contrato de tres años con el equipo rival. Su mejor amigo de la oficina había trabajado años atrás para la competencia directa de la compañía. Pero seguimos dando tumbos y actuando como si nuestros adversarios fueran a ser nuestros enemigos más acérrimos para toda la vida.

En el mundo real, la relación adversario-aliado está en un cambio continuo. Por ejemplo, en nuestro negocio competimos directamente con otras agencias para conseguir trabajos. Pero también hemos aprendido que estas compañías pueden ser unos valiosos amigos. Así pues, aunque compitamos entre nosotros para conseguir ciertos clientes, también nos ayudamos con frecuencia cediendo trabajos en los que no podemos competir. Nuestros amigos de Leo Burnett aconsejaron a U. S. Bank que se pusiera en contacto con nosotros cuando se vieron incapaces de andar tras este cliente. Nosotros remitimos a una línea aérea a nuestro amigo Kevin Roberts de Saatchi, puesto que nosotros ya tenemos como cliente a Continental Airlines.

En los negocios no existen los enemigos. Y es por esta razón que Robin se calló cuando abandonó a su antiguo jefe para ayudar a Linda a iniciar The Kaplan Thaler Group:

Uno de mis antiguos compañeros ridiculizó a nuestra nueva agencia diciendo: «Me apuesto lo que quieran que no duran ni cuatro días». Este comentario me enojó, y la tentación de contraatacar era muy fuerte. Pero, por suerte, no lo hice. La recompensa llegó años más tarde, cuando fui a visitar a mi antigua agencia. Algunos de los empleados de más talento de la empresa me llevaron a un lado y me dijeron: «¿Tienes algo para mí en tu compañía?».

Los contraté. Y ahora son un gran activo para nuestra agencia. Si hubiera tomado represalias contra mi antiguo jefe, no habría tenido nunca la oportunidad de reunirme con mis colegas y disfrutar del beneficio de su talento.

CONVIERTA EN AMIGOS A SUS POSIBLES ENEMIGOS

Cuando Bill Clinton zarpó hacia Oxford para iniciar su beca Rhodes, dio la mano a todos los pasajeros del barco. Cuando alguien le preguntó por qué hacía eso, le contestó que un día llegaría a ser el presidente de Estados Unidos y que entonces iba a necesitar muchos amigos.

Clinton sabía que «hay que tener amigos» para progresar en este mundo. Todos los necesitamos. Así que haga amigos entre sus adversarios ahora, antes de que tengan la oportunidad de convertirse en sus enemigos.

En el negocio de la publicidad, los clientes contratan a compañías de análisis de mercado para probar los anuncios de las agencias. Los creativos de las agencias piensan normalmente que los consejos de estos analistas diluyen sus ideas y las convierten en menos singulares. Puede estar muy orgulloso de su nueva y brillante campaña publicitaria, pero basta sólo con que un analista le diga: «No, lo siento, a tres señoras de Nueva Jersey no les gustó el anuncio». Esto es muy frustrante, y se crea una lógica relación de enfrentamiento.

Nosotros también tendíamos a sentirnos así, hasta que a través de nuestra relación con Aflac empezamos a trabajar con un hombre llamado Gerry Lukeman. Gerry es presidente emérito de Ipsos-ASI, una compañía que realiza una buena parte de las pruebas con anuncios. En un momento dado hicimos la siguiente reflexión: *¿Por qué le convertimos en nuestro enemigo? En realidad puede ayudarnos.* Así que hicimos algo que no es nada habitual en nuestro negocio: le pedimos que revisara nuestras ideas *antes* de producirlas para poder realizar las pruebas. Nos dio unos excelentes consejos, y conseguimos crear una campaña de gran impacto.

Cuando alguien desafía o incluso destruye las ideas de uno, existe la tendencia a verle como un enemigo, pero también puede verse como alguien que te empuja a dar lo mejor de ti mismo. En la década de 1950, cuando Rod Serling quería producir una serie de televisión sobre temas como la segregación, el antisemitismo y la pobreza, la cadena le respondió con un no rotundo. Así pues, Serling disfrazó sus moralidades dentro del mundo de la ciencia ficción, y creó la serie de gran éxito *Dimensión desconocida*. Sus «enemigos» de la cadena terminaron en realidad ayudándole a crear una serie que fue mucho mejor y más popular que no unas cuantas obras estilo sermón con moraleja.

Ésta es la razón por la que, en cualquier potencial confrontación, el enemigo puede ser el mejor amigo posible.

LLEVE A SU CONTRINCANTE A SU PROPIO TERRENO

Una de las razones por las que el Partido Republicano ha conseguido tan buenos resultados estos últimos años es que son muy buenos reconduciendo el debate. Muchos estadounidenses apoyaban el impuesto de sucesiones creyendo que era algo que afectaba sólo a los más ricos. Pero cuando los Republicanos consiguieron que algunos medios de comunicación y miembros del gobierno empezaran a llamarlo el «impuesto de la muerte», el apoyo hacia éste cayó repentinamente. ¡Un momento, todos vamos a pasar por ello! Los Republicanos no hablan nunca de «calentamiento global», sino simplemente utilizan la inocua expresión «cambio climático». La gente que cree en la creación y no en la evolución son considerados como partidarios del «diseño inteligente».

Tanto si cree en el Partido Republicano como si no, puede aprender la lección de su eficaz manera de hacer política. No explique a los demás en qué está en contra; dígales en qué está *a favor*. Puede reconducir cualquier conversación llevando a los oponentes hacia su terreno. Tal como nos explicó Jay Leno, «puedes decir "cierra esta maldita ventana" o bien "¿no hace aquí un poco de frío?". Decir "¿no hace aquí un poco de frío?" es mucho mejor, porque estás formulando una pregunta que la gente puede responder».

También conviertes el hecho de cerrar la ventana en una idea de la otra persona, y ésta es una de las mejores formas de conseguir que se acepten las *propias* ideas. Si tenemos a un cliente a quien no le acaba de gustar un anuncio que nosotros consideramos genial, debemos pedirle qué haría él para mejorarlo. Si nos gusta su idea, podemos decirle: «nunca nos lo habíamos planteado de esta manera. Si incorporamos su idea en el anuncio seguramente quedará mucho mejor». Una vez que se ha integrado su sugerencia en el anuncio, el cliente pasa a ser «su» propietario y evidentemente lo apoyará totalmente.

VAYA SIEMPRE EN SON DE PAZ

Son gestos muy simples: saludar cuando se entra en un sitio, llevar un detalle de agradecimiento cuando alguien te invita a cenar a su casa, proponer un brindis. Pero sus orígenes revelan algo muy profundo acerca de la naturaleza humana. Cada uno de estos gestos se diseñó para decir a los demás: «No soy una amenaza». Nuestros antepasados levantaban las manos y decían hola para demostrar que iban desarmados. La gente hacía regalos a los vecinos para demostrar sus buenas intenciones al llegar a su territorio. Y se entrechocaban las jarras de cerveza para que la bebida pasara de una a otra y así todo el mundo sabía que nadie iba a resultar envenenado.

Somos una especie insegura. Por ello que hay que hacer algo para ayudar a los demás a relajarse y para demostrarles que se es su amigo. El lenguaje corporal puede ser muy importante en este aspecto. Existen muchas maneras de decir «no voy armado». Levantarse de la mesa de trabajo y sentarse junto a una visita en la oficina es una de ellas. Mostrar un lenguaje corporal abierto –brazos y piernas sin cruzar– es otra. Inclinar la cabeza significa «me interesa». Abrir las palmas de las manos le dice a nuestro interlocutor «estoy siendo franco contigo».

Otra manera de aprender acerca de la honestidad y la confianza es observando a los hijos, tal como Linda y su marido, Fred, aprendieron en el Torneo Escolar Nacional de Ajedrez de la USCF.

La obtención del título entre los alumnos de primer grado dependía de una partida entre dos chicos. Uno de ellos llevaba una clara ventaja, pero cometió un error que le podía costar muy caro: después de mover la ficha olvidó parar el reloj. Si no se percataba de su error, el tiempo seguiría corriendo y perdería la partida.

Los preparadores empezaron a andar nerviosamente de un lado para otro. El público guardaba un silencio sepulcral. Nadie podía decir nada al chico sobre su reloj. La única persona que podía hacerlo era su rival, el niño de seis años sentado al otro lado del tablero, pero no tenía ninguna obligación de hacerlo. ¿Por qué debía decírselo? Si su contrincante no paraba el reloj, él sería el ganador.

Mientras el reloj iba avanzando, todo el mundo contenía la respiración. Entonces el otro niño se inclinó hacia delante y susurró algo al oído de su contrincante, que seguidamente paró el reloj, y al final terminó ganando la partida.

El niño que perdió la partida era el hijo de Linda y Fred, Michael:

Después, el preparador le preguntó a Michael: «¿Sabes que si no hubieras dicho nada podrías haber ganado la partida?».

A lo que Michael respondió: «No quería ganar de esta manera. Ganar así no es realmente ganar».

Nunca estuvimos tan orgullosos de nuestro hijo como en aquel momento.

La semana siguiente, en una asamblea de toda la escuela a la que se invitó a los padres, el preparador jefe del equipo de ajedrez se dirigió a todos los asistentes para decir: «Quiero homenajear a alguien que es un verdadero campeón». Y se dirigió hacia Michael. Todo el mundo se puso en pie. Fue uno de los momentos más intensos de su joven vida. Y, en definitiva, consiguió lo que quería: el orgullo de ser destacado como un ganador, de ser un modelo a seguir para sus compañeros.

BUENOS PROPÓSITOS: TENGA PENSAMIENTOS POSITIVOS

Piense en la persona que más le irrite. Seguidamente intente encontrar algo realmente bueno que pueda decir de ella. Ofrézcale este cumplido la siguiente vez que la vea. Repita lo mismo con la segunda persona que más le irrite, y después con la tercera, y así sucesivamente.

BUENOS PROPÓSITOS: AYUDE A LOS DEMÁS

Haga una lista de sus tres rivales más acérrimos. Para cada uno de ellos, escriba algo que usted podría hacer para ayudarles sin que ello supusiera ningún obstáculo para su propio negocio, campaña, etc. En la próxima oportunidad que se le presente, ofrézcales su ayuda.

BUENOS PROPÓSITOS: NO SE COMPARE CON LOS DEMÁS

Establezca un día a la semana como el «día sin comparaciones». No lea revistas especializadas, ni la sección de economía del periódico ni su sitio web preferido de información comercial: nada que pueda tentarle a compararse con los demás. Aumente gradualmente su tiempo sin comparaciones a dos días por semana, y así sucesivamente.

6. VAYA SIEMPRE CON EL CORAZÓN EN LA MANO

Durante la Segunda Guerra Mundial, el General Dwight D. Eisenhower acostumbraba a pasear entre las tropas. Un día, mientras los soldados se preparaban para entrar en batalla, Eisenhower se fijó en un hombre joven que permanecía en silencio y parecía deprimido.

«¿Cómo te sientes, hijo?», le preguntó.

«General –dijo– estoy terriblemente nervioso. Me hirieron hace dos meses y justamente ayer salí del hospital. Y no me encuentro muy bien».

Muchos generales habrían intentado levantar el ánimo del asustado soldado diciéndole: «No debes tener miedo. Tras de ti tienes al mejor ejército del mundo». Pero en lugar de ello, Eisenhower le dijo: «Bueno, tú y yo formamos una buena pareja, porque yo también estoy muy nervioso... Quizás si vamos dando un paseo hasta el río nos irá bien a los dos».

Eisenhower se presentó de la manera más humilde posible, y ésta es una de las razones por las que sus tropas sentían tanta devoción por él. Se convirtió en un gran líder no por ser rígido y temible, sino por ser honesto y humano. «Su sonrisa, sus gestos, su manera de abordar la vida, todo rebosaba sinceridad. Iba con el corazón en la mano. No había nada en él que provocara desconfianza. Quizás sea una paradoja que precisamente por esta razón resultara ser un destacado diplomático, una profesión en la que se supone que las verdades ocultas y las medias verdades son lo más importante», escribe el historiador Stephen Ambrose en *The Supreme Commander: The War Years of Dwight D. Eisenhower.*

Para nosotros, el éxito de Dwight D. Eisenhower, como general y como diplomático, no es ninguna paradoja. Al contrario, creemos que la honestidad es esencial para tener éxito en cualquier empresa, ya sea mandar ejércitos, dirigir un negocio, organizar una reunión social o educar a los hijos. Michael S. Gazzaniga, director del Centro de Neurociencia Cognitiva de Dartmouth, explica que hay algunos imperativos morales que comparten todas las sociedades. «Y entre todos ellos –escribe Gazzaniga en *The Ethical Brain*– los más importantes son que todas las sociedades creen que el asesinato y el incesto son malos, que debe cuidarse y no abandonarse a los niños, y que no deben decirse mentiras ni romperse promesas».

Evidentemente, todos sabemos que decir la verdad se considera como algo bueno. A todos los niños en edad escolar se les explican cuentos donde la verdad siempre prevalece sobre la mentira. No es ninguna casualidad que «No mentirás» sea uno de los Diez Mandamientos en la religión católica.

Pero aunque digamos a nuestros hijos que la honestidad es la mejor conducta, muchos de nosotros creemos que llegaremos más lejos en la vida si algunas veces podemos disfrazar la verdad, o incluso ocultarla. Nos preocupan las repercusiones de decir a alguien algo que no quiera oír. Puesto que no queremos herir los sentimientos de los demás, mantenemos nuestros labios sellados. Algunas veces nos parece más eficaz y sencillo decir una «mentira piadosa». Ocultamos nuestras emociones, e intentamos que los demás no sepan cómo nos sentimos o qué estamos pensando. Pero el hecho es que decir la verdad es uno de los caminos más directos para progresar en este mundo. Tal como escribió Mark Twain, «lo mejor de decir la verdad es que nunca tienes la necesidad de pensar qué vas a decir».

NO SÉ NADA, NO HE VISTO NADA

No es posible decir la verdad si no se está dispuesto a oírla de labios de los demás. Esto es especialmente importante si usted es el director o el jefe de su oficina. Es necesario crear un entorno en el que sus empleados se sientan libres de decirle que creen que su brillante idea creativa es un desastre, o que el chiste ligeramente picante que acaba de contar puede ofender a un cliente algo reservado o a algún compañero.

En su libro *Conspiracy of Fools*, Kurt Eichenwald detalla una escena en la que el jefe de la división de ventas a clientes residenciales de Enron, Lou Pai, tiene que explicar al presidente de Enron, Jeff Skilling, por qué su división no conseguirá nunca unos beneficios importantes, y utiliza una diapositiva para ilustrar su explicación:

Las explicaciones que acompañaban a la diapositiva eran las mismas que Skilling ya había oído un montón de veces. Debido a los altos costes fijos, el margen de potenciales beneficios para el negocio era bajo. Pai empezó explicando los números. Skilling no quería oír nada sobre aquel tema.

«Lou, eres demasiado bueno para venirme con esto», le espetó. «No quiero ver esta diapositiva nunca más.»

Pai puso un semblante serio. «Jeff, es la verdad.»

«Sencillamente no quiero volver a ver nunca más esta diapositiva.»

Pai dio un golpe en la mesa. «¡Son los jodidos hechos, Jeff!»

«Es posible que sean los hechos —le gritó Skilling—, pero no quiero que pienses en ello desde esta perspectiva».

Cuando los ejecutivos de Enron no querían oír la verdad, enviaban un mensaje a sus empleados: mentid, eludid la cuestión de las cifras, disimulad los hechos, sed creativos con la contabilidad. El problema es que cuando uno empieza a jugar con los hechos entra en un terreno muy resbaladizo. Dice una mentira, y después tiene que contar una aún mayor para cubrir la primera. Muy pronto te encuentras dedicando todo tu tiempo y recursos a gestionar tus mentiras en lugar de dedicarlo a construir una compañía. Es un despilfarro de energía increíble y puede dañar a cualquiera tanto física como intelectualmente. Es por ello que los detectores de mentiras funcionan. Cuando alguien dice una mentira cambia toda su fisiología: el pulso, el ritmo de la respiración, la presión sanguínea, la transpiración. El polígrafo es capaz de leer la puesta en marcha del sistema de alarma natural del organismo.

QUÍTESE LA MÁSCARA

La ejecutiva publicitaria Elizabeth Cogswel Baskin se encontraba en un ascensor con su clienta en las oficinas centrales de United Parcel Service, y ambas se dirigían hacia una reunión. Baskin pidió a la clienta cómo le iban las cosas, y ésta repentinamente rompió a llorar.

«Me dijo que cada mañana su hijo de tres años se planta ante ella en la ducha sollozando porque ella tiene que salir para el trabajo a las 6 y no llega a casa hasta las 7 o las 8 de la noche. Esto la destrozaba», dice Baskin, la Directora General de Tribe Inc. Advertising de Atlanta.

Mucha gente se hubiera horrorizado y sentido incómoda ante tal escena. Al fin y al cabo, en la América corporativa llorar en la oficina es uno de los mayores tabúes. Pero Baskin no se echó atrás; al contrario, ofreció un trabajo a la clienta. «Comimos juntas y le dije que había estado pensado en contratar a alguien que pudiera llevar mi agencia y con el tiempo quizás llegar a ser su presidente. Inmediatamente me dijo: "¡Yo podría hacerlo!".» Así que Baskin le ofreció el puesto de trabajo. «Fue el mejor contrato que he hecho nunca», explicó.

Puede parecer una maniobra descabellada; al fin y al cabo, Baskin sólo se había reunido unas seis o siete veces con la clienta. Pero Baskin había observado la manera en que se movía dentro de las rígidas y conservadoras oficinas centrales de UPS. «La vi dando una palmadita a alguien en la espalda. Era muy afable y cariñosa, lo cual la hacía destacar dentro de este entorno tan formal.»

¿Afable y cariñosa? ¿Ésta es la manera en que se llega a ser presidenta de una compañía? Bueno, quizás no en todas las compañías. En los últimos escándalos corporativos, puede tener por seguro que los ejecutivos que salían a la fuerza y esposados de sus despachos no escribían «afable y cariñoso» en sus currículums. Puede tener por cierto que nunca contrataron a nadie después de que éste empezara a llorar.

Pero Baskin quedó impresionada de que su clienta tuviera el valor de revelarle sus verdaderos sentimientos. Entendió que alguien capaz de mostrar sus verdaderas emociones era un activo para la compañía. Ésta, evidentemente, no es la manera habitual de proceder. Existe la idea en el mundo de los negocios de que la mejor manera de comportarse es ser frío y duro. Recordamos el caso del jefe que, después de una importante reunión, se acercó victorioso y dijo: «Vaya, esta vez a John se le han descubierto sus verdaderas intenciones». Como si el jefe hubiera conseguido una gran conquista. También recordamos al compañero que, después de una reunión con un cliente, se jactó diciendo: «Esta vez sí que le hemos dado gato por liebre».

El problema de tal estrategia es que la persona que es hábil ocultando sus emociones probablemente también lo será en el engaño. A corto plazo esto puede funcionar. Es posible que consigan abrirse camino con fanfarronadas y que terminen consiguiendo el trabajo, o que un cliente confiado les asigne algún proyecto. Pero con el tiempo, los clientes y los colaboradores se darán cuenta de que no puede confiarse en ellos. Y entonces será cuando las puertas se cerrarán y dejarán de llegar las oportunidades.

El respeto que mostró Baskin por la honestidad emocional es un hecho bastante singular en Estados Unidos, pero quizás su manera de actuar vaya cuajando a medida que cada vez más mujeres asuman papeles relevantes en la toma de decisiones en las grandes compañías norteamericanas.

FINGIR NO SIRVE DE NADA

Larry King explica que la primera vez que hizo un programa de radio tenía la sensación de que su boca estaba llena de algodón.

Estaba tan nervioso que tuvo que tragar saliva tres veces antes de poder empezar a hablar. Cuando finalmente lo consiguió, rememora en su libro *How to Talk to Anyone, Anytime, Anywhere*, dijo: «Buenos días. Éste es mi primer día en la radio. Siempre había querido tener un programa de radio. He estado practicando todo el fin de semana. Hace quince minutos me dieron mi nuevo nombre. He preparado la sintonía. Pero mi boca está seca. Estoy nervioso. Y el director general acaba de abrir la puerta y ha dicho "éste es un negocio de comunicación"».

Puede parecer una manera extraña de empezar una carrera en la radio, pero King sabía que si se ponía a la altura de sus oyentes tenía más posibilidades de que éstos se pusieran de su lado. Y funcionó de maravilla.

En los negocios puede oírse con frecuencia la frase: «Finge hasta conseguirlo». Se supone que tienes que entrar con un aire decidido y de total confianza en ti mismo, y *después* ya pensarás en cómo salir del atolladero. Nosotros creemos que éste es un consejo horrible. Tal como explica siempre Robin a sus empleados:

Pedidme ayuda cuando aún pueda ayudaros. Yo nunca criticaré a un empleado que venga y me diga: «No sé cómo hacer esto» o «Esto me supera». Pero si alguien espera hasta que sólo faltan veinticuatro horas para la reunión con el cliente y después me dice que no ha tenido suficiente tiempo, todo lo que podremos hacer es llorar juntos.

ESCUCHE SU VOZ INTERIOR

En cierta manera, todos sabemos detectar a las personas honestas y a las que no lo son. Siempre que entablamos una relación con alguien por primera vez, una voz en nuestro interior nos dice *es una buena persona* o *no confío en él*. Tal como escribió una vez Woody Allen: «Hay gente a quien amas, y hay gente a quien sólo desearías pellizcar».

¿Cómo podemos hacer tales juicios al instante? Porque somos capaces de detectar las señales corporales, no verbales, que nos dicen si podemos o no confiar en esa persona. Para algunos individuos, leer las pistas corporales es una necesidad profesional. Los jugadores de póquer, por ejemplo, le explicarán que si alguien mira hacia abajo y hacia la izquierda es que está mintiendo.

Es posible que nosotros no tengamos las habilidades de un jugador de póquer profesional, pero en nuestro interior todos tenemos unos sólidos instintos que nos permiten detectar cuándo alguien no está siendo sincero con nosotros. La psicóloga de Harvard Martha Stout dice que puesto que los niños pequeños no tienen totalmente desarrolladas las capacidades lingüísticas, dependen mucho más de las pistas no verbales, como el lenguaje corporal y el tono de la voz. Es por ello que los niños pequeños, igual que los perros, son mucho mejores que los adultos a la hora de detectar a los sujetos deshonestos e incluso antisociales.

Sorprendentemente, hasta las personas con lesiones cerebrales tienen esta capacidad; algunas veces incluso más desarrollada que en las sanas. El autor y neurólogo Oliver Sacks quedó muy sorprendido el día que pasó por el pabellón de afásicos de su hospital y oyó a los pacientes riéndose a carcajadas. ¿Qué era aquello tan divertido? Estaban escuchando a un político que daba un discurso por televisión. Las personas afásicas no pueden entender las palabras, pero son increíblemente hábiles para leer las pistas visuales. Así pues, aunque no podían entender el contenido del discurso, sabían a partir de las expresiones faciales del político y del tono de su voz que estaba actuando, es decir, estaba mintiendo. La cadencia no era la correcta, los gestos eran falsos. Para ellos era como un bufón de lo más cómico.

Resulta que todos podemos volver a tener esta capacidad que perdimos de niños. El catedrático en psicología de la Universidad de California Paul Ekman sostiene que incluso el más hábil de los mentirosos tendrá ciertas «fugas» en su rostro, una fugaz expresión que sugerirá que está mintiendo. Ekman dice que todo el mundo puede aprender a detectar estas microexpresiones —el resquicio momentáneo entre las palabras y las emociones— y que el entrenamiento para este sistema de detección de mentiras tiene un éxito del 95%[2].

Nuestra mente tiene maneras de interpretar lo que nos rodea independientemente de nuestro cerebro racional. Si intenta decidir si va a aceptar o no este trabajo en Dallas o si va a acudir a la cita con el chico que conoció en la boda de su hermana, no podrá llegar a una decisión simplemente por lógica pura, según sostiene el autor Daniel Goleman. Deberá conectarse con sus emociones, con su interior. Esto es lo que actúa como el sistema de alarma natural de nuestro cuerpo. Normalmente, los instintos nos alejan de las malas decisiones: tenemos una «sensación negativa» acerca de una persona o una oferta de trabajo y decidimos seguir buscando. Pero nuestro interior también nos puede señalar las grandes oportunidades.

Por desgracia, muchos de nosotros estamos desconectados de nuestros verdaderos instintos. Estamos tan abrumados con los «consejos expertos» que nos llegan a través de la televisión, las revistas e Internet, que hemos perdido la capacidad de escuchar nuestra vocecita interior. No podemos pintar nuestro cuarto de baño ni escoger el vino para la cena sin consultar a un montón de expertos, artículos de revistas, páginas web, etc. Cuando surgen conflictos con el cónyuge o un compañero de trabajo, consultamos a decenas de amigos antes de abordar directamente el problema con la otra persona. Es por ello que algunas veces es tan importante apagar el televisor, cerrar el libro o desenchufar el ordenador y escuchar nuestros propios instintos. Éstos pueden decirle mucho más que cualquier petulante «experto» en la materia.

A continuación, encontrará algunas de las maneras que hemos descubierto para ser sinceros sin socavar nuestras relaciones con los demás.

EMPIECE POR LAS BUENAS NOTICIAS

En un primer momento, Linda estaba furiosa:

Dos de mis creativos habían dejado de asistir a diversas reuniones con un cliente, que estaba muy molesto. Pero antes de llamar al equipo a mi oficina sabía que tenía que controlar primero mi pro-

pio enfado. Instintivamente, sabía que la mejor manera de resolver el problema no era atacando sin miramientos a las personas implicadas, así que esperé a estar un poco más calmada antes de hablar con ellos. Cuando les hice entrar en mi oficina empecé la reunión diciéndoles, en primer lugar, algunas verdades positivas. Les dije que tenían que comprender que eran muy importantes para el cliente. Éste esperaba con ansia las reuniones, así que cuando las cancelaban le daban un gran disgusto. Respondieron con sorpresa, dado que nunca se habían dado cuenta de lo importantes que eran para el cliente. Después proseguí explicando lo valioso que era su trabajo. Al final de la conversación terminaron sintiéndose más fuertes. Y desde entonces no han faltado nunca más a ninguna reunión.

Si hubiera dejado que me vencieran mis emociones, me hubiera desahogado y hubiera vociferado, y todo el mundo habría salido de la reunión sintiéndose mal. Y esto no habría representado nada bueno para nuestro cliente a largo plazo. No obstante, abordando el problema de una manera menos agresiva el equipo se concentró en ser mucho más proactivo.

Cuando alguien hace algo mal, el deseo de atacar es extrañamente seductor. Sientes que tu enfado te concede el derecho de tomar represalias con toda la razón del mundo. Pero la realidad es que esta irritación no lleva a ninguna parte. Regañando a los demás sobre la base de la razón que uno tiene y lo equivocados que están los otros no se consigue nada. Al contrario, tome ejemplo del sargento Joe Friday: «Limítese a los hechos, señora». En lugar de un ataque personal: «¿En qué estaba pensando? ¿Cómo pudo hacerlo?». Limítese a explicar qué hicieron mal de una manera que les ayude a aceptar la verdad sin sentirse desmoralizados. A continuación, ofrezca una solución, sugiriendo maneras en que la otra persona puede mejorar su rendimiento, y siga adelante.

Y cuando tenga que dar malas noticias, hágalo personalmente. Hace poco leímos en el periódico la historia de un incidente en que una persona en viaje de negocios estaba sentada en un avión a punto de despegar. Su teléfono móvil sonó. ¡Era su jefe que le comunicaba que estaba despedida! Mientras los asistentes de vuelo indicaban a los pasajeros que tenían que apagar todos sus aparatos electrónicos, a ella le estaban diciendo que tenía que ir el día siguiente a la oficina a despejar su mesa. Imagínese, justo cuando estaba a punto de emprender un aburrido e incómodo viaje de avión de cuatro o cinco horas recibió el ultimátum, y después tuvo que aguantar ahí sentada en su asiento de segunda clase durante todo el trayecto.

En una época en que la gente rompe con la pareja por correo electrónico, tomarse el tiempo necesario para hablar con alguien directamente a la cara sobre un problema determinado es algo esencial. Algunas veces la verdad puede doler, pero es una actitud mucho más humana y en el fondo mucho más noble.

AYUDE A LOS DEMÁS A ENCONTRAR LA VERDAD POR SÍ MISMOS

Imaginemos que su mejor amiga mantiene una relación terrible e insoportable. Cada día le llama sollozando para explicarle lo que le hizo ayer su pareja: la ha criticado delante de su jefe, no la ha invitado a la boda de su hermano, ha olvidado su cumpleaños. Su desgracia la está volviendo loca a usted. Le gustaría poderle gritar: «¡Deja de una vez a este tipo, ¿quieres?!».

Pero, tal como le diría cualquier terapeuta, no puede decirse esto. En cierta manera, su amiga ya sabe lo que tiene que hacer, pero debe hacerse a la idea de ello por su propia cuenta. Esta misma psicología es tan aplicable en el lugar de trabajo con los compañeros y clientes como lo es en sus relaciones personales. Gary Belkin, catedrático asociado de psiquiatría en la Facultad de Medicina de la Universidad de Nueva York, sostiene que existen maneras para empujar o animar a nuestros afligidos amigos y familiares a ir en la dirección correcta. Él recuerda a una paciente que mantenía una relación sobre la que no estaba muy segura y que no llevaba nada bien. Cuando Belkin le dijo que parecía llevar mejor esta relación que la que había mantenido anteriormente, la paciente le dijo que aún no lo hacía todo lo bien de que era capaz. De repente, cambiar de actitud se convirtió en su propia idea y no fue el psiquiatra quien le dijo «esto es lo que tienes que hacer».

Tanto si se trata de un director general como de un empresario, un compañero o un amigo, si usted es capaz de ayudar a los demás a descubrir la solución por su cuenta les ayudará no sólo a solucionar el problema, sino también a encontrar la manera de solucionar futuros problemas.

ENCUENTRE LA FUERZA EN LAS DEBILIDADES

Hace algunos años contratamos a un director de cuentas de mucho talento que había sido despedido de las dos últimas agencias en que había trabajado. Tal como pudimos descubrir, el motivo era muy simple: tenía muy mal genio. Gritaba a sus ayudantes, a sus socios, e incluso a sus clientes. Pronto tendríamos que comunicarle la amarga verdad: su mal genio sin control estaba arruinando su carrera profesional. Si no se apuntaba a algún curso para aprender a controlar su carácter nosotros también tendríamos que despedirle.

Sabíamos que para él sería difícil oír y aceptar esta realidad. Así que empezamos la reunión diciéndole que creíamos que la razón de sus enfados estribaba en que él era un perfeccionista, que quería hacer un trabajo estelar en cada uno de los proyectos y que cuando las cosas no seguían este camino se impacientaba.

No estábamos excusando su tempestuoso comportamiento, pero sí le estábamos demostrando que apreciábamos el interés que ponía en el trabajo. También reconocíamos que su mal genio era un efecto secundario de su perfeccionismo y no algo que definiera todo su carácter.

Según el psicólogo David Kipper, nuestros puntos débiles son normalmente la cara opuesta de nuestros puntos fuertes. Por ejemplo, alguien con un alto grado de concentración y muy eficaz solucionando problemas puede impacientarse mucho y tenerlo difícil para funcionar a un alto nivel en las reuniones largas.

Un director excelente a la hora de ver las cosas en su conjunto y con visión de futuro para la compañía puede tener problemas para ir al grano y concentrarse en los pequeños detalles.

Cuando hablamos con nuestro impetuoso ejecutivo, se sorprendió al ver las reacciones de los demás ante su comportamiento. Aparentemente, nadie, ni tan siquiera sus antiguos jefes, le habían comentado lo perjudicial que era. Cuando volvió al día siguiente nos dio las gracias por haberle dicho la verdad que necesitaba para percatarse de su actitud y poder cambiar su comportamiento. Estaba totalmente dispuesto a esforzarse para solucionar su problema de mal genio, ya que no quería perder el trabajo, y entendió que nosotros le habíamos reconocido algo muy positivo acerca de la causa de su enojo e impaciencia: su perfeccionismo.

Hoy, aunque sigue luchando contra su tendencia a enfadarse, ya ha avanzado mucho en el control de su conducta y es más respetuoso con los demás. Y nosotros, por nuestra parte, hemos reconocido sus progresos asignándole unos trabajos y clientes de un perfil más alto, así como dándole a emprender los proyectos más complejos que requieren una gran atención a los detalles, tareas para las que otros quizás no tendrían la paciencia necesaria. Como resultado de todo ello, ahora él se encuentra en la cima de su profesión y ha ayudado a la agencia a conseguir diversos encargos de varios millones de dólares.

LA VERDAD NO SIEMPRE ES DOLOROSA

Robin pasó una semana muy mala después de que su hija en edad universitaria le pidiera si podía irse a vivir con su novio a un apartamento que debían pagar ambos padres:

Creía que Melissa era demasiado joven para tomar esta gran decisión sobre su vida. Irse a vivir con su novio es una verdadera declaración de independencia y no algo que deba ser subvencionado por los padres. Además, un apartamento en Nueva York iba a ser aún más caro que la residencia de la Universidad de Nueva York donde vivía Melissa.

Así pues, aunque ya conocía cuál sería mi respuesta desde el primer momento, pasé una semana preocupándome por lo que iba a decirle y pidiendo la opinión a todo el mundo. Melissa tenía veinte años, así que debía hablar con ella como una persona adulta. No podía actuar como una madre y decirle «no porque yo lo digo» como si sólo tuviera diez años. Era necesario encontrar una manera de hablar sobre sus sentimientos y tener una conversación adulta. Fue un terapeuta quien me propuso la pregunta clave: «¿Cómo has llegado a esta decisión, Melissa?».

Resulta que Melissa me recordó que una vez le había comentado que comprarle un apartamento podría ser una buena inversión. Cuando le pedí qué pasaría si ya no estaba dispuesta a hacerlo, me respondió: «Seguiré viviendo en la residencia».

Final del drama. «Normalmente pensamos que para resolver un conflicto todas las partes deben ponerse de acuerdo. Pero esto no es verdad. Al final de una discusión no es necesario estar de acuerdo, simplemente debes tener la sensación de que se ha escuchado a todo el mundo –explica Sheila Heen, la profesora de negociación de Harvard–. Cuando escuchas y haces preguntas cedes parte del control a la otra persona y demuestras respeto por su punto de vista. Y así se crea una situación en la que la otra persona puede escuchar tu punto de vista, y ya no es necesario hacerla callar con un ¡No!».

Enfrentarse a un hijo puede ser doloroso, pero, en última instancia, es un derecho de los padres. Resulta mucho más duro hacer frente a un cliente. No aconsejamos hacerlo de una manera habitual, pero tal como descubrió Maurice Lévy, nuestro amigo y director general de nuestra empresa matriz, Publicis Groupe, a veces tienes que decir a algún cliente importante algo que no desea oír.

Durante años, Maurice se sintió frustrado con un cliente muy complicado. Cada año este cliente pedía sistemáticamente que cambiaran al jefe del equipo o incluso a todo el equipo. Durante varios años se accedió a sus peticiones, aunque no fueran justificadas. Finalmente, Maurice consideró que ya se había llegado al límite, y cuando el cliente le pidió que cambiara a una de sus jefas de equipo de más talento, Maurice se negó a hacerlo, explicando que esta mujer era la mejor persona para ocupar aquel puesto y que no podía permitir que el cliente ofendiera de ese modo a los trabajadores de la agencia.

El cliente se enfureció y amenazó con cambiar de agencia si Maurice no accedía a sus deseos, pero Maurice no cedió. Pasaron algunos días y no ocurrió nada. Siguió trabajando con la agencia y se mantuvo intacto el equipo. «Entendemos la necesidad de realizar algunos cambios importantes cuando son justificados, pero cuando un cliente abusa de nuestra comprensión nos coloca en una situación en la que todos salimos perdiendo: contraria a la agencia y sus equipos, y contraria al cliente porque ningún equipo va a sentirse cómodo dando lo mejor de sí mismos», explica Maurice.

Pasaron veinte años, y poca gente sabía que Maurice había puesto en riesgo su carrera por defender a una de sus empleadas. Pero cuando esta jefa de equipo se jubiló, ella misma explicó la historia durante una pequeña reunión informal de despedida en la oficina. Sus compañeros se asombraron al saber todo lo que había hecho la agencia para defenderla, y la noticia de esta lealtad se extendió rápidamente por toda la compañía.

La verdadera fuerza de la decisión de Maurice de poner en evidencia al cliente no estuvo en lo que sucedió entonces, sino en el hecho de que esta acción a favor de un empleado corrió por la compañía veinte años más tarde. Imagínese lo inspirados que debieron sentirse aquellos empleados cuando supieron que tenían a un jefe dispuesto a jugársela por ellos.

NO TEMA PONER LÍMITES

Hace años, Linda le dijo a un editor que tenía que empezar a trabajar en un determinado proyecto el lunes a las 8 h de la mañana:

Él dijo que le resultaba imposible. Así que pasamos la reunión a las 10 h, y el trabajo se hizo sin problemas.

Después le pregunté: «Sólo por curiosidad, ¿qué otra cita tenía usted el lunes a las 8 de la mañana?».

«No tenía ninguna cita. Ésta es la hora que dedico a mis hijos.»

«¿Y qué quiso decir cuando dijo que la reunión a las 8 era "imposible"?»

«Pues que era imposible. Ésta no es la manera en que llevo mi vida.»

Este día me enseñó una lección. Todos tenemos derecho a gobernar nuestro propio barco; todos tenemos derecho a establecer límites. Está muy bien decir a alguien que tienes «otros planes» si te proponen algo que no te va bien. Y estos planes no tienen que ser necesariamente una reunión con la reina ni ser el padrino de una boda.

Todos hemos pasado por momentos en que buscamos desesperadamente una excusa para no tener que hacer algo que no nos apetece. Recibes una invitación para ir a una cena de un conocido que no te apetece en absoluto. El jefe te pide que vayas a una reunión de trabajo un sábado por la mañana para solucionar un asunto que podía haberse pospuesto perfectamente para el lunes. Un antiguo compañero de universidad te llama por sorpresa y te pide si quieres ir a una conferencia y tú no dispones apenas de tiempo.

Enseguida surge un torrente de afligidas excusas: «¡Lo siento! Este fin de semana voy a visitar la tumba de mi tía abuela Millie». «¡Vaya, me encantaría, pero tengo que ir al dentista!». Si éste es su caso, deje de hacerlo. *No hay ninguna necesidad* de dar una lista de razones por las que uno no puede hacer algo o no puede modificar su agenda para adaptarla a los planes de otra persona. No es necesario inventar ninguna tragedia ni simular un compromiso anterior sólo para poder pasar el fin de semana con la familia. No hay ninguna necesidad de dar tantas explicaciones. Como terapeuta, Ona Robinson dice: «Nunca explique, nunca defienda, nunca justifique». Usted tiene derecho a vivir su vida y a poner sus propios límites. Y los demás le respetarán tanto más por ello.

Si está dispuesto a encontrarse con otra persona, pero a una hora que le vaya bien a usted, ofrézcale una alternativa: sugiera otra hora para reunirse, o la próxima vez sea usted quien la invite.

BUENOS PROPÓSITOS: SOMÉTASE A LA DIETA DE LA VERDAD

Durante una semana, intente decir únicamente la verdad a todos sus interlocutores. No es necesario que diga a una compañera de trabajo que sus pendientes son horribles, pero tampoco debe decirle «¡son preciosos!» si no es eso lo que usted cree. Pruebe a decir: «¡Son interesantes! ¿Dónde los compraste?». Si no quiere asistir a la fiesta para celebrar el nacimiento de su segundo sobrino, envíe una sencilla nota disculpándose y diciendo que le resulta imposible acudir a la celebración. Exprese lo feliz que se siente y mándele un bonito regalo.

BUENOS PROPÓSITOS: TENGA EL VALOR DE SER HONESTO

¿Se abstiene de decir algo a alguien porque teme que la verdad podría herir sus sentimientos? Pídase a usted mismo: ¿A esta persona le conviene saber la verdad? Si la respuesta es sí, entonces dígasela, pero encuentre una manera de hacerlo con amabilidad. Si el problema es que su hermana tiene unas expectativas profesionales poco realistas, espere a la próxima vez que se queje de su trabajo sin porvenir y entonces pídale qué es lo que desea de un trabajo, qué hace para conseguir el empleo deseado y otras preguntas similares. Guíela para que descubra la solución por sí misma en lugar de echarle la verdad en cara. Por ejemplo: «Admiro tu ambición, ¿pero de verdad crees que es realista querer pasar de cajera de banco a gestora de fondos especulativos? ¿Qué es lo que te atrae de ser una gestora de fondos de riesgo, aparte del dinero?».

BUENOS PROPÓSITOS: QUÍTESE LA MÁSCARA

En las situaciones en las que nos sentimos vulnerables, lo más fácil es seguir con la máscara puesta. Si está acostumbrado a ocultarse detrás de ella, pruebe a quitársela... gradualmente. Piense en algo que no le guste que los demás sepan de usted: que robó un libro en una biblioteca cuando era pequeño, o que le asusta llamar en frío a alguien para concertar una posible cita por miedo a ser rechazado. A continuación, busque a tres personas en quienes confíe y explíqueselo. No se trata de ir al jefe o a los futuros suegros y explicarles todos sus fracasos y puntos débiles, sino de encontrar a personas en quienes confíe y con quienes pueda ser franco y mostrarse vulnerable. Al final descubrirá que realmente no tiene ninguna necesidad de ir fingiendo que es alguien diferente, porque ya está bien tal como es.

BUENOS PROPÓSITOS: JUEGUE A «¿Y ENTONCES QUÉ VA A PASAR?»

Ser honesto y franco puede sonar muy bien en teoría, pero ¿qué ocurre en las situaciones en las que debe explicarse una verdad incómoda? Robin tenía un jefe que pedía a sus empleados que hicieran el siguiente ejercicio: «La próxima vez que penséis que alguien va a ofenderse por vuestra honestidad, imaginaos que tenéis razón y que, efectivamente, le decís la verdad y os odia por ello. ¿Qué va a pasar entonces? ¿Perderéis el cliente? ¿Os vais a quedar sin trabajo? ¿Vuestro marido o esposa os va a dejar? ¿Tendréis que vender vuestra casa? ¿Os condenarán a muerte? En verdad, nada de todo eso ocurrirá». Imaginando lo terribles que pueden ser las consecuencias de determinadas acciones, normalmente veremos que las consecuencias de nuestra acción tampoco son tan malas, y con ello podremos ver nuestros temores en perspectiva.

7. ÁBRASE CAMINO CON EL «SÍ»

Cuando Lupe Valdez se presentó para *sheriff* del condado de Dallas, nadie creía que pudiera ganar. «Inicié la campaña con cinco puntos en contra: soy una mujer, soy hispana, soy lesbiana, no había trabajado nunca en la oficina del *sheriff* y soy Demócrata», explica Valdez. Su rival era un Republicano que había trabajado en la oficina del *sheriff* durante treinta años.

En los últimos días de la carrera electoral, el rival de Valdez inició una despiadada campaña negativa acusándola falsamente de haberse apropiado indebidamente del dinero de un programa en favor de los derechos de los homosexuales. Valdez, que tenía muy poco dinero para su campaña electoral, decidió no responder siguiendo este mismo estilo negativo. «Había una tremenda presión sobre mí de mi equipo para que me defendiera con una respuesta negativa. Sabíamos que no podíamos dejar simplemente estas acusaciones en el aire sin hacer nada, pero decidí tomar un camino diferente. De esta manera, si perdía seguiría sintiéndome bien conmigo misma», explica Valdez.

Valdez y su equipo decidieron realizar una maniobra en positivo y llamaron a sesenta mil mujeres votantes que en las elecciones anteriores habían votado en blanco o no habían votado. Valdez pensó que si podía hacer llegar su mensaje a estas mujeres, quizás podría convencerlas de que la votaran a ella, sin rebajarse a utilizar las tácticas de su rival. Llegó el día de los comicios electorales, y en un condado en que la elección del *sheriff* no se había decidido nunca por más de trescientos votos de diferencia, Valdez ganó por diecisiete mil votos y ahora es la primera mujer *sheriff* elegida democráticamente del condado de Dallas.

La mayoría de las personas están a favor de la idea de «ser siempre positivo», pero cuando un rival ataca, la respuesta habitual es ponerse los guantes de boxeo. Al fin y al cabo, ¿qué opciones hay? Levantarse y luchar, o sentarse y aguantar los golpes.

Sin embargo, Valdez encontró una tercera estrategia que era a la vez potente y amable. En lugar de dar una mala imagen de ambos candidatos ante los votantes, se dedicó a reclutar más votantes. En lugar de decir «no» a su rival y a los que le apoyaban, encontró una manera de decir «sí» a las mujeres del condado de Dallas.

Como muy bien sabía Valdez, «sí» es la palabra más poderosa. Si puedes aprender a decir «sí» a todos los clientes, jefes y nuevas perspectivas de negocio, no será necesario que vayas subiendo peldaños dentro de la empresa, sino que tomarás directamente el ascensor hasta la cumbre.

Y esto es así porque ser positivo tiene un enorme impacto en todas las relaciones, tal como descubrió el psicólogo John Gottman. Éste filmó en vídeo a setecientas parejas antes de que se casaran. Después de mirar cada una de las grabaciones de quince minutos, el equipo predijo qué parejas creían que iban a permanecer juntas y cuáles iban a divorciarse. Diez años más tarde comprobaron que sus predicciones de éxito matrimonial eran acertadas en un 94%.

Los investigadores pudieron realizar unas predicciones tan sorprendentemente precisas observando interacciones que la mayoría de nosotros podríamos considerar como sin ninguna trascendencia: un tranquilizador brazo en el hombro, el hecho de no poner los ojos en blanco. Descubrieron que las interacciones negativas tenían un impacto muy perjudicial sobre el matrimonio. En realidad, eran necesarios cinco intercambios positivos, como sonrisas, bromas, cumplidos, para compensar un intercambio negativo.

Las investigaciones sobre las interacciones en el trabajo han arrojado unos resultados similares. En un estudio se descubrió que los empleados eran mucho más productivos cuando la relación entre los intercambios positivos y negativos era como mínimo de tres a uno[1].

«No» cierra posibilidades, mientras que «sí» las abre. Bob se dio cuenta de ello después de entrevistar a un candidato con muy pocas posibilidades para un trabajo como comercial. El hombre que entró en su oficina, John, medía un metro y veinte centímetros. No tenía rodillas ni manos, y sus brazos terminaban en los codos. «Cuando lo vi por primera vez pensé "vaya", pero después de hablar con él durante cinco minutos me di cuenta de que me había olvidado completamente de que hubiera algo diferente en su persona. Y me pareció un estupendo comercial», explica Bob.

John había estado intentando conseguir un trabajo como comercial durante meses. Había hecho entrevistas en más de cien oficinas diferentes, pero nadie le había querido contratar. «Él me dijo: "Sé que puedo hacerlo. Sólo quiero una oportunidad"», explicó Bob.

Bob estaba convencido de la decisión que había tomado, pero sus jefes se mostraron preocupados. ¿No haría que los clientes se sintieran incómodos? ¿No iba a pedir que instalaran unos caros ascensores y otros equipos especiales? ¿Qué pasaría si tenían que despedirle y después él los denunciaba por discriminación?

Había muchas variables desconocidas en John, y lo más sencillo hubiera sido decir simplemente que no. Al final, Bob convenció a sus jefes para que dijeran «sí» a John. El riesgo se vio compensado con creces: John resultó ser uno de los mejores comerciales que nunca habían tenido en la empresa. Su dedicación al trabajo, su encantadora personalidad y su aguda inteligencia eran lo que al final terminaba convenciendo a los clientes. Y John dice que, en cierto modo, un aspecto inusual puede terminar siendo una ventaja. «Yo no recuerdo a todo el mundo con quien me he reunido, pero todo el mundo me recuerda a *mí*», dice John.

¿Cómo puede usted aportar un «sí» memorable a todos los encuentros que tenga?

ASUMA QUE SÍ

Cuando la terapeuta Ona Robinson empieza a trabajar con parejas, normalmente comienza con el siguiente ejercicio: «Decidme tres razones por las que el canibalismo es bueno». Las respuestas que obtiene son graciosísimas: «una excelente fuente de proteínas», «una dieta con pocas grasas», «reduce la población mundial», «ingredientes totalmente naturales».

El objetivo del ejercicio no es defender el canibalismo, sino ayudar a la gente a desarrollar la costumbre de asumir la buena voluntad. Si nos acercamos a los demás asumiendo que tienen unas intenciones generosas, descubriremos que la vida se convierte en algo mucho más fácil.

Por ejemplo, imagine que alguien le dice que no le gusta en absoluto la ropa que usted lleva. Podría responder con algo desagradable, o podría darle las gracias por preocuparse por su aspecto. La intención real de la persona que critica su ropa no tiene ninguna importancia. Lo que importa es que usted se entrene a interpretarlo todo de una manera positiva.

Una investigación realizada por el psicólogo Martin Seligman confirma las ventajas del optimismo. En un estudio de los comerciales de seguros, Seligman descubrió que los pesimistas son más realistas que los optimistas, pero que los optimistas son más eficaces.

La razón tiene relación con la manera en que los optimistas hablan consigo mismos. Cuando un optimista recibe un rechazo al realizar una llamada para una venta, se dice a sí mismo que la persona probablemente estaba muy ocupada o de mal humor. Se trata de una circunstancia temporal que no dice nada sobre las habilidades comerciales del agente de seguros; simplemente ha tenido la mala suerte de llamar en un mal momento. O quizás ni tan siquiera buscará ninguna razón; simplemente pasará a realizar la siguiente llamada.

Cuando un pesimista se enfrenta a un rechazo, el diálogo consigo mismo es muy diferente. Encontrará algún motivo permanente y generalizado para explicar el rechazo. Se dirá a sí mismo que es un mal vendedor y que nunca conseguirá triunfar en este negocio. El pesimista se desmoraliza y realiza menos llamadas, y, en consecuencia, consigue menos ventas.

Se trata exactamente de lo que dijo Henry Ford: «Si crees que no puedes hacerlo, tienes razón. Si crees que puedes hacerlo, tienes razón».

Cuando se trata a los demás como si fuesen unos necios, normalmente éstos estarán a la altura de sus expectativas. Pero si les trata como a las personas más inteligentes y de mayor talento del mundo, se sorprenderá de lo que pueden llegar a conseguir. En definitiva, ser un animador de un grupo es mucho más efectivo que ser un sargento instructor.

EXPRESE EL «SÍ»

Tal como ya hemos mencionado, los investigadores han descubierto que sólo el 7% de la comunicación es verbal y el otro 93% procede del lenguaje corporal, de las expresiones faciales y del tono de la voz[3]. Por ello no basta con *decir* «sí»; hay que *expresar el sí*.

Una de las mejores maneras de hacerlo es simplemente asintiendo con la cabeza. Allan Pease, un especialista que ha enseñado destrezas de lenguaje corporal a personas del mundo de los negocios durante treinta años, dice que asentir con la cabeza es uno de los gestos humanos más universales, incluso las personas ciegas de nacimiento asienten con la cabeza para decir «sí». Otro gesto universal es ladear la cabeza hacia un lado para demostrar interés. En realidad, Charles Darwin observó que incluso los animales comparten esta costumbre. «Cuando los demás te hablan, todo lo que tienes que hacer es ladear la cabeza y asentir con ella para que la otra persona se sienta bien», escribe Pease en su libro *Signals*.

En realidad, en un conocido experimento, una clase de psicología decidió comprobar esta teoría utilizando a su profesor como conejillo de indias. Sin que éste lo supiera, cada vez que el profesor se desplazaba hacia la derecha los alumnos adquirían una actitud distraída y de poca atención; y cada vez que se desplazaba hacia la izquierda, los alumnos levantaban la vista, sonreían y asentían con la cabeza. ¿Adivina lo que sucedió? El profesor terminó dando toda la clase apoyado en la pared izquierda del aula. Ésta es la fuerza de la comunicación no verbal.

Reflejar es otra gran herramienta, y los terapeutas la utilizan continuamente. La próxima vez que tenga una reunión importante con un posible cliente o jefe, refleje sutilmente sus gestos. Por ejemplo, si éste coge una taza de café con la mano derecha, usted coja un lápiz con la mano izquierda. No imite sus gestos de una manera exacta porque quedaría raro. Sintonice con su postura y su estado de ánimo, y le estará comunicando discretamente que le acepta y que es receptivo a sus ideas, y esto, a su vez, hará que él se sienta cómodo y evidentemente le predispondrá a mostrarse más abierto hacia sus brillantes propuestas.

OLVÍDESE DEL «NO»

El problema de la palabra «no» es que inicia una cadena de acontecimientos negativos. Si usted recibe una fulminante crítica de su jefe, le quedará una sensación negativa. Y aunque en aquel momento no pueda expresar este sentimiento, con el tiempo, acabará exteriorizándolo. Puede decidir empezar a llegar tarde, lo cual será una molestia para el compañero que deberá cubrir su ausencia. Después, este compañero decidirá: «No, no puedo asumir tu trabajo mientras estás de vacaciones». Se inicia una cadena de «nos» que es muy difícil interrumpir.

Los artistas que improvisan lo saben muy bien. Si alguna vez ha visto alguna pieza de teatro basada en la improvisación, sabrá que se trata de una experiencia increíble. Los actores reciben una sugerencia totalmente aleatoria –cocodrilos, el espacio exterior, la carne picada– y éstos crean una historia al momento sin tomarse ni tan siquiera un minuto para hablar entre ellos o para pensar qué van a decir. Si son lo bastante buenos, los resultados son normalmente hilarantes, y mucho más entretenidos que la mayoría de las representaciones perfectamente ensayadas.

Mientras los observa, es posible que se pregunte cómo pueden estos actores crear unas historias tan inteligentes e ingeniosas de una manera tan rápida. Evidentemente, el talento cuenta mucho, pero no es sólo eso. Existen muchos trucos que estos actores utilizan para que la narración fluya, pero una de las normas más importantes es que los improvisadores nunca dicen que no. La respuesta tiene que ser siempre «sí, y...».

Por ejemplo, imaginemos que uno de estos actores empieza mirando fijamente a su compañero a los ojos y le dice: «Vamos a casarnos en Marte».

Si el otro actor contesta: «¡Tú estás loco! En Marte hace muchísimo frío y no hay oxígeno», ¿dónde cree que llegará la sátira? A ninguna parte.

Pero si el otro actor dice: «Sí, sería fantástico. Invitaré a mis primos de Neptuno y de Plutón», entonces ya tenemos una historia.

Es evidente que no es fácil decir siempre que sí. Una amiga nuestra llamada Bonnie recuerda un lluvioso fin de semana que, cansada de meses de infructuosa búsqueda de una nueva vivienda en Nueva York, quería pasar dos apacibles días en su casa, junto a su esposo, leyendo un buen libro. Entonces su amigo de toda la vida, Terry, la llamó para invitarla a un picnic en Nueva Jersey, organizado por George. «Ya podéis imaginaros la ilusión que me hacía ir a Jersey bajo la lluvia para celebrar una barbacoa», explica Bonnie.

Sólo había visto a George una vez, cuando Terry lo llevó a una fiesta que ella había celebrado. Pero Terry le explicó que George creía firmemente en la reciprocidad y quería devolver a Bonnie su hospitalidad. «Simplemente le educaron de esta manera», comenta Bonnie.

Así que Bonnie fue hasta la estación de autobuses con su libro bajo el brazo, preparada para un largo y aburrido viaje hasta Nueva Jersey. Pero en lugar de ello se encontró en su destino en sólo diez minutos. «Quedé gratamente sorprendida de la magnífica vista que había de Manhatan», explica. También se había fijado que en aquella zona había muchas casas victorianas restauradas preciosas. Cuando llegó a la barbacoa preguntó por los precios de las casas de aquella zona. George mencionó que había una en venta al otro lado de la calle, pero el precio era astronómico y quedaba fuera de sus posibilidades. Con todo, Bonnie se lo pasó en grande en la barbacoa y al día siguiente envío un regalo de agradecimiento a George.

Dos semanas más tarde, Bonnie recibió una llamada de George, que había negociado el precio de la casa hasta llegar a una cantidad asequible. «Convenció a los propietarios de que era mejor vender la casa directamente en lugar de hacerlo a través de una inmobiliaria», explica Bonnie.

Era una casa de ensueño para Bonnie y su marido, y la compraron. «Estamos a diez minutos de la ciudad, y mi marido puede ir a pescar en cinco minutos. Y lo mejor de todo, tenemos al vecino más amable que pueda imaginarse. ¿Quién se hubiera nunca imaginado que la luz al final del túnel para un acérrimo habitante de Nueva York sería Nueva Jersey?»

CUATRO MANERAS DE DECIR «SÍ» EN LUGAR DE «NO»

Ahora bien, posiblemente no pueda decirse siempre que sí a todo el mundo. Algunas veces la respuesta es realmente que no. Como por ejemplo en: «No, no puedes ir a pasar tus vacaciones de primavera con otros doce amigos todos ellos de dieciséis años» «No, no puedo venir a trabajar por quinto fin de semana seguido».

También es posible que sienta que decir que sí no ha sido nunca demasiado difícil para usted. Dice que sí a *todo el mundo*: compañeros de trabajo, suegra, centro recreativo, ¡y esto le está matando!

Abrirse camino con el «sí» no significa cumplir siempre las órdenes de los demás. Simplemente significa encontrar *algo* a lo que poder decir sí. Así, la próxima vez que se sienta tentado a decir no, pruebe con alguna de las siguientes afirmaciones:

«Sí, quiero ayudar»

Hace poco, Robin recibió una oferta para un nuevo negocio:

Un reclutador de personal ejecutivo al que habitualmente le pedimos que nos proporcione directores de cuentas me remitió a un posible acuerdo con la Orthodox Union, un grupo judío ortodoxo. No podíamos asumir el trabajo porque ya trabajábamos para la United Jewish Communities. Pero no quería decir simplemente que no, así que hice algunas llamadas y encontré a algunos amigos de la agencia interesados en este proyecto. Tuve que dedicar parte de mi tiempo a ello, pero para mí fue importante ayudar a este reclutador de personal. Se trata de un mercado muy competitivo, y quiero que esta persona nos mande siempre a los mejores. ¿Hay alguna mejor manera de demostrarle que éste es un buen lugar para trabajar?

Aunque tenga que decir personalmente que no, normalmente existe un sí alternativo. Si se ayuda a los demás a solucionar sus problemas –por ejemplo, remitiéndoles a alguien que quizás pueda ayudarles– la energía positiva está continuamente en movimiento. Y con frecuencia, una solicitud que pueda no ser muy atractiva para usted puede parecer una gran oportunidad a otra persona. Al compañero de menor antigüedad puede hacerle muchísima ilusión la posibilidad de representar a la compañía en la reunión de ventas de Topeka. Haciéndolo de esta manera, hace feliz a dos personas, y de paso se ahorra un billete de avión.

«Sí, puede hacerlo mejor»

Como madres y jefas, con frecuencia tenemos que decir a la gente cosas que no quieren oír. Si alguien de la oficina nos presenta un trabajo que nosotras creemos que no está a la altura, obviamente no podemos decirle que es maravilloso. Pero intentaremos encontrar algo positivo que decirle, algo que sea verdad. Por ejemplo, si alguien nos trae un guión malo para el material publicitario, nos decimos a nosotras mismas que se trata sólo de un guión y que esta persona ha escrito otros trabajos muy buenos para la agencia. Así pues, en lugar de decirle «esto es horrible», resulta mucho más motivador decir «tu trabajo normalmente es impresionante, y no estoy segura de que éste sea de tu verdadera talla».

«Sí, le tengo en cuenta»

Sólo se necesitan cinco minutos para enviar una nota de agradecimiento o para responder a un currículum no solicitado, pero es muy fácil descuidar estas pequeñas muestras de agradecimiento. Al fin y al cabo, todos tenemos un sinfín de cosas que hacer. ¿Por qué perder el tiempo si ni tan siquiera tenemos ningún puesto de trabajo que ofrecer? Pero al echar un currículum a la papelera sin responderlo se está negando la existencia de alguien. Es por ello que nuestra política es la de responder a todos los mensajes y llamadas que recibimos, aunque sólo sea para decir: «Lo sentimos, ahora no tenemos ningún puesto vacante, pero de todas maneras gracias por pensar en nosotros y le deseamos mucha suerte».

Una sencilla muestra de agradecimiento como ésta ayuda a construir un renombre comercial que resonará durante décadas. Corre la voz de que la compañía cuenta con unas personas muy amables y esto es una publicidad que no puede comprarse. Y sólo se necesitan unos segundos.

Si aún cree que está demasiado ocupado como para responder a todos los mensajes electrónicos, pídase a usted mismo si está más ocupado que cualquier director general corporativo normal. Una reciente encuesta del *Wall Street Journal* decía que treinta y nueve de cada cuarenta y cuatro directores generales encuestados respondían personalmente a los mensajes electrónicos de los empleados, aunque esto significara enviar la respuesta a las 11 h de la noche o mientras estaban en el ascensor con su BlackBerry. Para el director general de Dell Computers, Michael Dell, esto significa pasar varias horas cada día leyendo los aproximadamente doscientos mensajes que llegan todos los días a su buzón.

Muchas de las personas más poderosas del país comprenden la importancia de este tipo de muestras de reconocimiento. El alcalde de Nueva York, Michael Bloomberg, sorprendió a una descontenta habitante de la ciudad cuando respondió a la llamada a su teléfono particular a las 10 h de la noche. Cuando los periodistas le pidieron cómo había conseguido aquella mujer su número, él les dijo que aparecía en la guía telefónica. Dijo a la mujer que no le importaba que llamara, pero le pidió que otra vez no llamara tan tarde.

¿Está usted realmente más ocupado que Michael Bloomberg o que Michael Dell? Tómese tiempo para decir «sí» a todo el mundo con quien se encuentre.

«Sí, su talento es otro»

Warren Buffet explica que nunca ha despedido a nadie. Simplemente les ha ayudado a encontrar el trabajo adecuado dentro de su compañía. En The Kaplan Thaler Group hemos intentado ajustarnos a esta filosofía. Si alguien no rinde bien en un puesto en concreto, vamos intentado asignarle diferentes trabajos hasta dar con el puesto correcto. Hemos descubierto que la lealtad que demostramos a nuestros empleados se nos devuelve con creces.

Lamentablemente, no hemos sido capaces de conseguir una tasa de despidos del cero por cien. Y sea como sea que quieras disimularlo, despedir a alguien es un no muy grande.

Hace poco tuvimos que despedir a una persona que no quería cambiar de cargo dentro de la compañía. Estaba interesada en una posición en concreto, pero no rendía bien en ella. Aunque al final la despedimos, supo apreciar el hecho de que intentáramos encontrar una manera de mantenerla con nosotros, y nos envió una nota muy dulce agradeciéndonoslo. Robin le contestó: «Te deseo toda la suerte del mundo. Sé que tienes un gran talento, y si hay algo que pueda hacer para ayudarte a descubrirlo, no dudes en pedírmelo».

Claro está, un despido es un despido. Es una experiencia terrible y estresante por la que nadie quiere pasar. Pero la verdad es que normalmente es sólo el empujón que algunos de nosotros necesitamos para empezar a ir en la dirección correcta. En la facultad, Linda vivió la siguiente experiencia con un profesor de música:

Estudiaba composición con un compositor que había ganado un premio Pulitzer llamado Mario Davidovsky, un pionero de la música electrónica. Era algo horrible. Quería que yo compusiera música contemporánea atonal, pero todo lo que conseguía escribir sonaba como una cancioncilla de Broadway. Así que un día me miró directamente a los ojos y con su marcado acento argentino me dijo: «Linda, tú no tienes talento para esto. Pero serás muy, muy buena componiendo melodías para anuncios».

Me quedé helada. Al principio pensé: «Vaya cosa más descarada. Qué comentario más grosero». Pero después, reflexionando sobre ello, me di cuenta de que aquello significaba un gran cambio de orientación profesional. Tenía absolutamente toda la razón, y poco después empecé mi carrera como publicista.

Años más tarde, escribí: «I don't want to grow up, I'm a Toys 'R' Us kid» (No quiero crecer, soy un niño Toys), una de las melodías de anuncio más duraderas de toda la historia de Estados Unidos. Estoy profundamente agradecida a mi profesor, porque me dijo, de la manera más amable posible, lo que no podía hacer. Y me ayudó a encontrar algo para lo cual sí valía.

Por último, algunas veces sencillamente no existe la opción de decir «no». Charlie Weis, el entrenador del equipo de fútbol americano Notre Dame, se vio en esta situación cuando un chico que se estaba muriendo le hizo llegar su último deseo: quería anunciar la primera jugada del siguiente partido: «pase a la derecha». Por desgracia, este chico murió antes del día del partido, pero Weis estaba determinado a satisfacer su deseo. Cuando empezó el partido parecía muy claro que la jugada del chico no funcionaría. El *quarterback* pidió a Weis qué tenían que hacer, y él le dijo que no tenían otra opción: seguirían las instrucciones del chico. No sólo el *quarterback* completó el pase, sino que también consiguieron avanzar treinta yardas.

La lógica hubiera aconsejado una jugada diferente, evidentemente. Pero lo fundamental es que realmente nunca podemos saber qué sucederá si decimos «sí» en lugar de «no». Y algunas veces tomar la decisión «inteligente» no es sinónimo de tomar la decisión correcta. Algunas veces simplemente es necesario callar y escuchar.

BUENOS PROPÓSITOS: CONVIÉRTASE EN UN PÚBLICO ACTIVO

El presidente Clinton era famoso por su habilidad por establecer una conexión inmediata con todo el mundo con quien se encontraba. Por mucha gente que pudiera haber en una recepción, él conseguía que cada uno se sintiera como si fuera la única persona del acto, como si fuera el centro del universo. Compare esta actitud con la última conversación que usted mantuvo con un aburrido trepador social en una fiesta; ya sabe, la persona que mira a todos los demás por encima del hombro y que busca constantemente a las personas más importantes para presentarse y felicitarlas.

Todos tenemos la capacidad para hacer que los demás se sientan la persona más importante del mundo. Simplemente tenemos que prestarles toda nuestra atención y vernos reflejados en sus ojos. Nos pasamos mucho rato mirándonos obsesionados al espejo —nuestro pelo, nuestros muslos, nuestras arrugas— pero resulta sorprendente lo poco que pensamos en cómo nos ven realmente los demás. La siguiente vez que asista a una conferencia o a una gran reunión, observe a todas las personas que tenga a su alrededor. ¿Cuántas están concentradas en la persona que habla? La mejor manera de decir «sí» es simplemente prestando atención.

BUENOS PROPÓSITOS

BUENOS PROPÓSITOS:
ENCUENTRE EL «SÍ» EN EL «NO»

Haga una lista con las últimas cinco cosas a las que ha dicho que no: los días de vacaciones que quería un empleado, el caro juguete que le pidió su hijo, la película de terror que deseaba ver su pareja. A continuación, pregúntese lo siguiente: ¿Este «no» era absolutamente necesario? (El resto del personal hubiera ido más cargado de trabajo durante un par de días, pero también habrían visto que usted permite que la gente se tome algunos días libres cuando los necesita.) ¿Había un «sí» alternativo? (Como, por ejemplo, proponer al niño que hiciera algunas tareas adicionales para ganar dinero que le serviría para el juguete.) ¿Decir «sí» podía haberle beneficiado de alguna manera? (Quizás le hubiera gustado la película de terror.) Acostumbrarse a como mínimo considerar el «sí» le ayudará a terminar con la «cadena de noes».

8. APRENDA A ESCUCHAR

Poco después de fundar The Kaplan Thaler Group, organizamos una comida con el director general de una agencia de la competencia, que ahora ya está retirado. Estaba muy ansioso por mostrarnos lo superior que era su compañía en comparación con la nuestra. Podríamos haber discutido con él e intentar rebatir sus afirmaciones, pero en lugar de ello le dejamos hablar. Mientras él iba contando lo brillante que era su empresa, nosotros le escuchábamos en silencio.

Con el tiempo nos llegó a revelar algunos detalles algo íntimos acerca de su compañía, como sus tácticas para hacer frente a la competencia, las cuotas que cargaban a los clientes, las estrategias de la agencia y algunos datos más. También mencionó varios de los nuevos negocios que estaban persiguiendo, a los cuales nosotros no podíamos ni aspirar. Sin embargo, al cabo de unos días, llamamos, presentamos nuestra oferta y conseguimos el negocio. Escuchar, en lugar de jactarnos de nuestros logros, hizo que esa comida resultara más que rentable.

¿Por qué a muchos de nosotros nos gusta tanto hablar? Simplemente, porque queremos que los demás se fijen en nuestra persona. Disfrutamos siendo el centro del Universo. Pero al hablar y hablar se consume todo el oxígeno y la energía de la sala, lo que debilita a todo el mundo.

Y, además, se pierde el tiempo. Al fin y al cabo, usted ya sabe cuáles son sus conocimientos. Cada minuto gastado intentando que alguien nos admire por ello es un minuto durante el cual no se obtiene nueva información. Tal como escribe Larry King: «Mi primera norma para conversar es ésta: mientras hablo no aprendo nada».

A continuación, le explicaremos la manera de afinar sus habilidades para escuchar a los demás.

DEJE QUE EL OTRO PAREZCA MÁS INTELIGENTE QUE USTED

Algunas veces es importante mostrar a los demás lo inteligente que uno es; por ejemplo, cuando se intenta entrar en Harvard o acceder a la Facultad de Medicina. Pero las personas verdaderamente inteligentes saben cuáles son los límites de la fuerza intelectual. Según el libro *Emotional Intelligence*, el cociente intelectual de una persona es el responsable de una parte muy pequeña de su éxito en la vida, porque el nivel intelectual, junto con la mayoría de las pruebas que miden el rendimiento académico, valoran lo bien que se solucionan los problemas cuando uno está solo, sin nadie a su alrededor. No pueden medir la capacidad de negociar un trato, de realizar una crítica constructiva o de consolar a un amigo. Esta inteligencia social tendrá mucho más impacto en su vida que sus conocimientos sobre los sonetos de Shakespeare o sobre los algoritmos matemáticos.

Cuando se deja que brille la genialidad de los demás, no sólo se obtiene nueva información, sino que también se gana su buena voluntad. A todo el mundo le gusta rodearse de gente que le hagan sentirse inteligente. Para Jay Leno, ésta es una regla irrefutable para ser el presentador de un programa de entrevistas: «El truco está en hacer que el invitado se sienta bien a expensas del presentador. Los programas que fracasan son los que buscan que el presentador se sienta bien a expensas del invitado. Con el tiempo, el presentador se pregunta "¡Vaya! ¿Cómo es que toda esta gente ya no quiere venir a mi programa?"».

NO COMPLIQUE LAS COSAS

The Kaplan Thaler Group es un lugar muy ruidoso y divertido para trabajar en él. Hay muchas personas deseosas en todo momento de contar a los demás sus ideas. Un día nos encontrábamos reunidos en una sesión de «lluvia de ideas» para diseñar la campaña de Foxwoods, el casino de Connecticut. Todo el mundo expresaba unas interpretaciones muy meditadas sobre cuál era la motivación de las personas que iban a los casinos. Estudiamos un sinfín de rigurosos y amplios estudios e investigaciones demográficas. Sopesamos la propiedad intelectual del casino. Nos planteamos preguntas tan fundamentales como: «¿Cuál es la experiencia esencial que busca la gente cuando va al casino? ¿Cuál es la verdadera sensación de ganar?».

Mientras tanto, Chris Wauton, nuestra directora de planificación estratégica, permanecía callada. Chris es una brillante profesional de la publicidad educada en Oxford. En realidad, y para ser sinceros, he de reconocer que cualquier idea pronunciada con acento británico nos suena automáticamente un 25% más inteligente.

Chris había hecho algunas investigaciones exhaustivas en Foxwoods, entrevistando a numerosos clientes. Cuando por último empezó a hablar, todos nos inclinamos hacia delante impacientes por escuchar lo que tenía que decirnos. Nos miró y se encogió de hombros. «No sé. Simplemente parece como si Foxwoods fuera, no sé... *divertido.*»

Todos nos pusimos a reír. Evidentemente, tenía razón. Algunas veces la respuesta más sencilla es la mejor. Chris fue capaz de resumir la experiencia de ir a Foxwoods en una única palabra, porque había estado escuchando en lugar de pontificar. Y, utilizando su perspicacia en nuestra propuesta, conseguimos el contrato.

PREGUNTE, NO EXPLIQUE

Robin aprendió muy pronto esta lección:

Cuando empecé mi carrera en el mundo de la publicidad, teníamos un cliente, Heublein Distillers, en Connecticut, que era tam-

bién donde residía el director general de la compañía. Puesto que la casa del jefe quedaba de camino, los días que tenía que reunirme con el cliente solía pasar a recogerle por su domicilio. Así pues, cada día, el más nuevo del equipo —yo— pasaba una hora de ida y otra de vuelta con la persona más importante de la compañía. Yo me sentía un poco incómoda por lo que podía decirle. Él era el director general, y yo no quería parecerle estúpida.

Con el tiempo, me di cuenta de que nuestro jefe era un gran hablador. Podía estar hablando de cualquier tema, por muy trivial que fuera, durante horas. Así que cada mañana empezaba haciéndole una pregunta. Por ejemplo, le preguntaba qué pensaba sobre el hecho de hacer publicidad en televisión de bebidas alcohólicas como Smirnoff, la principal marca de vodka de nuestro cliente. O algunas veces le pedía su opinión sobre la política de cargos de la agencia. Y puesto que yo en aquella época era el último mono de la compañía, me lo contaba todo sin ningún problema. Obtuve toneladas de información, así como una visión interna y un análisis del negocio dignos de una escuela de estudios empresariales, simplemente preguntado y escuchando.

Al realizar preguntas indicamos a nuestros interlocutores que nos preocupamos por ellos, que nos interesa lo que tienen que decirnos. También les enviamos el muy sutil mensaje de que nosotros somos unas personas brillantes y curiosas que queremos saber más. Es por ello que incluso la pregunta más trivial puede tener un enorme impacto...

Ruth Downing Karp inició su carrera profesional como publicista en J. Walter Thompson en un momento en que las mujeres vestían guantes y sombrero para ir a trabajar. Cuando tenía veinte años fue a su primera reunión, en la que un investigador realizaba una presentación de diversas estadísticas de ventas que había estado analizando. Mientras hablaba, las demás personas de la sala le acribillaban con preguntas y comentarios, y en un momento dado Ruth se dio cuenta de que ella era el único asistente que no había hablado. Estaba nerviosa por si su silencio la hacía parecer poco interesada o como si no prestara atención.

Así que escuchó atentamente mientras el investigador explicaba que si se aplicaba un plan en particular el aumento de las ventas sería del 7,5%.

Ruth levantó la vista y preguntó tranquilamente: «¿Un 7,5%?».

El investigador la miró, ligeramente confundido. «¿No es un 7,5%?» le preguntó, asumiendo que ella le estaba cuestionando ese porcentaje porque sabía algo que él desconocía.

«No lo sé –respondió honestamente–, simplemente lo pregunto».

Entonces alguien más dijo: «Ya veo qué quieres decir; realmente, si lo miras desde una perspectiva diferente te das cuenta de que no es así».

Permaneciendo callada, Ruth aprendió mucho sobre la manera de causar una buena impresión. De hecho, cuando el investigador volvió a estudiar sus números descubrió que en realidad había cometido un error. Tal como dice la Biblia, «incluso un necio, cuando guarda silencio, es considerado un sabio». Ruth fue progresando hasta convertirse en una de las máximas directoras creativas de la agencia.

NO DISCUTA TANTO

Llega tarde a una reunión. No ha entregado el informe a tiempo. Iba a noventa kilómetros por hora en un tramo en el que sólo se podía ir a sesenta. Y automáticamente surge un torrente de interminables explicaciones sobre los problemas de tráfico, los contratiempos en las comunicaciones y los cuentakilómetros estropeados.

Siempre que surgen problemas o conflictos, existe la tendencia natural a intentar «salir de ellos con grandes explicaciones». Pero algunas veces puede solventarse el asunto simplemente callando y prestando atención a la manera de solucionarlo.

Esto es lo que descubrió Jonathan cuando conducía a toda velocidad para acudir a una boda, con su mujer y su suegra acompañándole en el coche.

Cuando un policía le paró y le informó de que había estado conduciendo por encima del límite de velocidad permitido tras un agente fuera de servicio, Jonathan le explicó tranquilamente que no tenía ni idea de que hubiera hecho una cosa semejante. «Hice algunas bromas al policía, le dije que las mujeres me habían obligado a ir deprisa, etcétera. Pero no discutí. ¿Qué podía hacer? Iba a una velocidad no permitida», explica Jonathan.

Después de dar la multa a Jonathan, el policía le explicó que algunas veces era posible rellenar un formulario de reclamación para pedir que te quitaran una multa. Aunque Jonathan le insistió para que le diera más detalles sobre ello, el agente le dijo que no podía decirle nada más. Así pues, aunque la comisaría de policía estaba a dos horas de allí, Jonathan decidió ir. «Básicamente esperaba que no apareciera el agente de policía para que así me anularan la multa», dice Jonathan.

Pero no tuve tal suerte. «Nada más llegar a la comisaría oí a mis espaldas: "Oh, mira, el que iba con exceso de velocidad tras un agente"».

Era una ciudad pequeña. El juez llevaba un jersey y unos vaqueros. El agente de policía le dijo: «Señor Juez, cuando un agente para a alguien y le pone una multa por exceso de velocidad, ¿cuántas veces cree que esta persona es amable con el policía?».

El juez dijo: «No creo que sea muy frecuente».

El policía meditó unos momentos. «Bueno, sabe –dijo con una sonrisa– en realidad cuando le paré estaba *aparcado*».

Y con ello, Jonathan se libró de la multa por exceso de velocidad y tuvo que abonar sólo una multa de aparcamiento y recibir una advertencia.

TODO EL MUNDO MERECE SER ESCUCHADO

Jay Leno explica que cuando quiere saber si algo es realmente divertido se lo pide a la persona menos importante de la sala. «Y normalmente utilizo sus aportaciones. Vivimos en la sociedad de la exclusión. Existe la idea de que tenemos que dejar a la gente fuera: no puede entrar en este club, hay que ser socio, no tiene suficiente dinero, no es lo bastante guapo. Pero si se va por la vida con la actitud opuesta y se intenta incluir a todo el mundo, se abren muchas puertas.»

Y esto también puede obrar maravillas en los negocios. Una vez hablamos con el jefe de una importante cadena de restaurantes, que necesitaba descubrir por qué cada año se rompían miles de platos. Ninguno de los directivos podía entender qué estaba pasando, y reponer los platos representaba una verdadera fortuna para la compañía.

Una noche este directivo discutió el problema con un colega mientras estaban cenando en uno de los restaurantes de la cadena. Uno de los camareros oyó la conversación y le llevó hasta la cocina. Uno de los ayudantes de cocina, en un inglés algo defectuoso, le explicó que el lavavajillas del restaurante tenía un mecanismo defectuoso que hacía que los platos vibraran mucho mientras se lavaban. Estas vibraciones dañaban los platos, con lo cual éstos se volvían quebradizos y se rompían.

Gracias a ello pudo solucionarse el problema y la cadena se ahorró una buena cantidad de dinero. Este directivo recompensó al empleado con un cheque de 50.000 dólares, un 10% del medio millón que calculó que se ahorraría la compañía. Además, el directivo decretó que todo empleado que permitiera a la compañía ahorrar dinero sugiriendo maneras de mejorar las operaciones recibiría un 10% de los ahorros generados.

Abraham Lincoln sabía lo importante que era conseguir la información directamente de la fuente en lugar de fiarse de sus consejeros para interpretar la voluntad de la ciudadanía. En *Lincoln on Leadership*, Donald T. Phillips describe que Lincoln fue uno de los primeros líderes americanos en descubrir la importancia de escuchar a los demás. Permitía que muchos ciudadanos le visitaran y le expresaran sus pensamientos. «Yo llamo a estas recepciones mis "baños de opinión pública"..., aunque quizás no son agradables en todos sus aspectos, el efecto, en general, es renovador y vigorizante», decía Lincoln. Cien años más tarde, los gurús de los negocios Tom Peters y Robert Waterman llamaron a esto «Management by Wandering Around» es decir, dirigir la empresa a base de pasearse por ella.

Para intentar comprender mejor al consumidor americano medio, la vicepresidenta de Procter & Gamble, Susan Arnold, llevó la fórmula del «Management by Wandering Around» algo más lejos. En P&G se dice que «el consumidor es el jefe». Se supone que los miembros del personal deben conocer al consumidor. Así que durante dos semanas Arnold se asignó un presupuesto, aparte de los gastos fijos, de sesenta dólares por semana. Esto significaba que tenía que hacer frente a dilemas del estilo «¿lleno el depósito de gasolina o compro champú?». Se encontró apurando al máximo los tubos de dentífrico y dejando de utilizar los aparcamientos de pago. «Lo hice junto con todo mi equipo del departamento de productos de belleza de P&G, aproximadamente unas doce personas. La idea era ponernos a la altura de nuestros consumidores viviendo con los ingresos medios de éstos en cada uno de nuestros barrios», nos explicó Arnold. El aprendizaje básico de este estudio práctico: las mujeres que compraban sus productos estaban constantemente sopesando dos opciones. «Se trata de decidir continuamente: ¿debo comprar el champú más caro y dejar el nuevo color de lápiz de labios, o será suficiente con el champú más barato y así también podré comprar la barra de labios? Para nosotros, esto significa que debemos ofrecer un buen valor a nuestros consumidores, es decir, las ventajas que ofrece el producto deben ser acordes con su precio.»

Arnold entiende lo que ya saben todos los grandes líderes: en los negocios, cuanto mayor sea la empatía con los consumidores, mejor podrás servirles. En efecto, se ha descubierto que la empatía es la habilidad *más importante* para triunfar en la vida. En el siguiente capítulo le explicaremos por qué.

BUENOS PROPÓSITOS: MANTENGA LA BOCA CERRADA

Durante todo un día, intente hablar lo menos posible. Intente mantener su atención alejada de usted mismo. Cuando se sienta tentado a explicar algo, haga una pregunta. Cuando se sienta empujado a decir: «Oh, a mí me ocurrió lo mismo...», pida «¿Y cómo te sentiste?». Tampoco es necesario convertirse en una persona intratable. Si alguien le pregunta qué piensa del nuevo estadio deportivo que están construyendo en la ciudad, respóndale y dígale cuál es su opinión, pero después desvíe la conversación hacia la opinión de la otra persona. Al final del día, haga una lista de todo lo que haya aprendido. ¿Cuánto se habría perdido si se hubiera pasado todo el rato hablando de usted mismo?

BUENOS PROPÓSITOS: PAGUE SUS DEUDAS

¿Se cree una persona inteligente? Termine las siguientes frases:
«Nunca habría llegado donde estoy sin...»
«Tengo una gran deuda con...»
«Saco fuerzas de...»
«Mi mejor profesor fue...»
A fin de cuentas, nadie progresa sin la ayuda de los demás.

9. TRATE A LOS DEMÁS CON EMPATÍA

Cuando el premiado periodista y columnista del *New Yorker* Ken Auletta estaba cubriendo el juicio por las acusaciones de monopolio contra Microsoft, tanto para la revista *The New Yorker* como para su libro *World War 3.0: Microsoft and Its Enemies*, concertó la primera de las que después serían tres grandes entrevistas con el juez que llevaba el caso, Thomas Penfield Jackson. Auletta tenía muchas y contundentes preguntas para Jackson sobre el juicio, sobre Bill Gates y sobre las muchas decisiones que había adoptado. Pero la primera vez que se encontraron, Auletta no le habló de nada de ello. «En su lugar, le pregunté sobre su vida, sus padres y sobre las experiencias formativas que había tenido», explica Auletta.

Esta manera de proceder de Auletta puede parecer extraña. Estaba escribiendo una gran historia para una prestigiosa revista y para Random House. ¿Por qué iba a desperdiciar toda la primera entrevista cotilleando como si estuviera en una reunión social tomando un helado? En primer lugar, obtuvo información de base crucial sobre los valores del juez que más adelante aportarían profundidad y contexto a la historia. En segundo lugar, consiguió conocer mejor al juez como persona, y éste le conoció mejor a él. «Creo que me gané su confianza por el hecho de no ir a buscar rápidamente un gran titular», comenta Auletta. «Consigues mucha más información siendo cordial y paciente.»

Los periodistas, señala Auletta, no tienen la reputación de ser amables. La mayor parte de su trabajo implica realizar preguntas muy violentas: «¿Su organización ha intervenido las conexiones telefónicas de los ciudadanos americanos?» «¿Por qué vendió sus acciones de la compañía mientras aconsejaba a sus empleados que compraran más?» «¿Cómo se sintió cuando su marido se fue con Angelina Jolie?». Algunas veces, las respuestas a estas preguntas son de interés público; en otras ocasiones sólo sirven para vender más copias de la revista *People*. Sea como sea, para descubrir los hechos irrefutables el reportero inteligente aprende rápidamente a ser muy, muy amable.

«No tenemos el poder para exigir pruebas a nadie, así que la gente no tiene por qué hablar con nosotros», dice Auletta. «Y no van a hablar con nosotros si la experiencia es similar a la conversación con el dentista mientras te empasta una muela. No obstante, sí que querrán hablar con un periodista que sea una persona agradable que no se limite a hacer preguntas, sino que también escuche las respuestas y se muestre interesado tanto en el "porqué" como en conseguir un titular.»

Tratar a los demás con comprensión y empatía no es sólo una táctica de los periodistas más curtidos. En realidad, es el camino más seguro hacia una vida feliz y llena de éxitos.

Le hemos mostrado las muchas maneras en que siendo una persona amable se consigue lo que se desea. Cómo un pequeño cumplido o un detalle sin importancia puede proporcionarnos grandes oportunidades. Cómo decir «sí» puede mejorar nuestras relaciones. Cómo puede uno ayudarse a sí mismo ayudando a sus rivales o competidores. Ahora hemos llegado a la habilidad más importante para cualquiera que quiera aprovechar todo lo bueno de ser bueno, la habilidad de ponerse uno mismo en el lugar del otro, de dejar que el otro apoye su cabeza en nuestros hombros.

Según Daniel Goleman, las personas altamente empáticas, es decir, aquellas que son capaces de comprender qué sienten los demás y de ver las cosas desde su perspectiva, son más felices, más populares y tienen mejor vida amorosa. Y también tienen más éxito en los negocios. «Las personas empáticas son magníficas a la hora de reconocer y satisfacer las necesidades de los clientes o subordinados. Parecen accesibles, como si desearan sentir lo que la gente tiene que decir. Escuchan con atención, captando lo que realmente preocupa a los demás y respondiendo adecuadamente», escribe Goleman en *Primal Leadership*.

Sólo hay que fijarse en el éxito de Gordon Bethune, quien, como director general de Continental Airlines, durante once años transformó la compañía en la que se considera como la aerolínea tradicional de más éxito del país. Alguien preguntó una vez a Bethune cómo lo hacía para entender tan bien a los demás. «Era uno de ellos», bromeó. Antes de que Bethune se convirtiera en el director general en 1994, el índice de puntualidad en las llegadas de Continental Airlines era sistemáticamente el más bajo del país, y con frecuencia quedaba destacada en última posición. Los retrasos costaban a la compañía aérea unos cinco millones de dólares al mes. Bethune vio que la mejor manera de motivar a sus empleados para que mejoraran el servicio era haciendo que se sintieran parte del éxito de Continental Airlines. Así que puso en marcha un programa que pagaba *a todos y cada uno de los empleados* –personal de las puertas de embarque, auxiliares de vuelo, encargados de equipajes– una prima de 65 dólares cada mes que la compañía quedaba entre las cinco primeras en cuanto a puntualidad. Con cuarenta mil empleados, el programa resultaba caro (2,5 millones de dólares al mes), pero no tanto como los retrasos en los vuelos. Según los cálculos de Bethune, era posible mejorar el servicio y reducir los costes.

Y funcionó. Sólo tres meses después de poner en marcha el programa, Continental Airlines fue la compañía número uno en puntualidad por primera vez en su historia, y a partir de ese momento, quedó sistemáticamente entre las cinco mejores. El programa funcionó tan bien que Continental Airlines pudo subir el listón de calidad. Actualmente, la compañía tiene que quedar entre las tres primeras para que el personal reciba la prima. Pero la recompensa también es mayor (100 dólares) cuando logran terminar en el número uno.

En la profesión médica, la empatía se considera actualmente tan importante que ha pasado a formar parte del programa de estudios de diversas acreditadas facultades de medicina de Estados Unidos[1]. Los investigadores han descubierto que los doctores que demuestran sensibilidad por los sentimientos de sus pacientes se enfrentan a menos demandas que los médicos que se limitan a dar unos diagnósticos fríos y desapasionados. En su libro *Blink: The Power of Thinking Without Thinking*, Malcolm Gladwell detalla un estudio en el que la investigadora médica Wendy Levinson observó a un grupo de doctores. La mitad de ellos no habían sido nunca demandados; la otra mitad habían sido llevados a los tribunales un mínimo de dos veces. Levinson descubrió que los doctores que no habían sido nunca denunciados hablaban una media de tres minutos más con sus pacientes que los que sí habían sufrido alguna denuncia. También tenían una voz más suave y utilizaban más el sentido del humor durante sus entrevistas con los pacientes. «Nadie denuncia a un médico con quien se siente a gusto», le comentó la abogada especialista en negligencias médicas Alice Burkin a Gladwell. «Durante todos los años que llevo en este negocio, no he visto nunca a ningún cliente que haya entrado diciendo: "Me gusta mucho este médico, y me siento muy mal por lo que voy a hacer, pero quiero denunciarle"».

Evidentemente, cuanto antes aprende uno a ser empático, mucho mejor. Es por ello que las escuelas primarias se están interesando en este aspecto de la formación. En Canadá, un programa para la escuela primaria llamado Roots of Empathy (las raíces de la empatía) enseña cómo ser compasivos a unos cuarenta mil niños en cada curso. Y a finales de 2005, el Reino Unido inició un plan para enseñar destrezas emocionales y también habilidades de comunicación a los niños británicos en edad escolar.

Una de las principales maneras en que las escuelas británicas enseñan empatía es a través del trabajo voluntario. En *The Healing Power of Doing Good*, Allan Luks describe un programa preparado especialmente para un grupo de adolescentes de Texas que corrían el peligro de abandonar la escuela. Cuando los jóvenes en situación de riesgo empezaron a ejercer de profesores auxiliares en la escuela primaria, su tasa de abandono pasó del 35% que se esperaba a sólo un 6%.

Ayudar a los demás no sólo favorece el respeto hacia uno mismo; también puede mejorar la salud. Un estudio realizado en 2003, en la Universidad de Michigan, siguió a 423 parejas de ancianos durante cinco años. Se vio que las personas que ayudaban a los demás, ya fuera a través del trabajo voluntario o simplemente siendo unos vecinos o unos cónyuges solícitos, sufrían un *60% menos de muertes prematuras* que las personas que no se preocupaban por quienes les rodeaban.

APROVECHE LA FUERZA DE LA EMPATÍA

Todos nosotros, excluyendo a los ocasionales narcisistas y sociópatas, somos empáticos por naturaleza. Ésta es la razón por la que si su madre le llama extremadamente agobiada porque debe preparar una cena al cabo de un par de días, usted empieza a sentir también esa sensación de ansiedad. Es por ello que uno puede empezar a sentir sueño cuando ve a un compañero de trabajo bostezar. Los recién nacidos empezarán a llorar cuando oigan a otro niño que llora. «Somos sumamente sensibles al flujo de señales emocionales que nos comunican las caras y posturas de los demás, y resonamos con expresiones propias. Las personas se ponen bajo nuestra piel de una manera que un problema abstracto no haría nunca», escribe el etólogo Frans de Waal en *Our Inner Ape*.

Por desgracia, muchos de nosotros hemos perdido el contacto con nuestra naturaleza empática. Con el ritmo frenético del siglo XXI —noticias continuas las 24 horas del día, interrupciones constantes por culpa de los teléfonos móviles y BlackBerrys–resulta tan fácil distraerse y sentirse abrumado que somos incapaces de ver a las personas que tenemos ante nuestros propios ojos. Así que, a continuación, le proponemos algunas maneras para volverse a conectar con este antiguo y bello ADN que está inactivo dentro de todos nosotros.

TRABAJE CON ALEGRÍA

Al cabo de unos años de haber iniciado The Kaplan Thaler Group, presentamos una oferta para diseñar su publicidad a Coldwell Banker. La verdad es que no pensábamos ser los elegidos. Al fin y al cabo, había algunas agencias muy importantes que también iban tras este negocio, todas ellas con unos recursos y unas referencias mucho más voluminosos que los nuestros.

Hicimos uns presentación creativa, y estábamos muy orgullosos de nuestro trabajo. Pero quedamos muy sorprendidos cuando conseguimos el contrato. Cuando preguntamos a los ejecutivos de Coldwell Banker cómo habíamos conseguido derrotar a unos rivales tan formidables, nos dijeron que, evidentemente, les había gustado nuestro trabajo, pero que también habían quedado impresionados por el hecho de que siempre estuviéramos riéndonos y haciendo chistes entre nosotros. Parecía como si realmente nos lo pasáramos bien juntos, nos dijeron. Este comentario nos sorprendió. Sabíamos perfectamente que no todo el mundo tiene la suerte de disfrutar genuinamente con sus compañeros de trabajo, tal como nos ocurría a nosotros. Pero pensábamos que la mayoría de los profesionales podían elaborar propuestas conjuntamente y como mínimo *simular* que se soportaban entre ellos al reunirse con un cliente en potencia.

No es verdad, nos dijeron los ejecutivos de Coldwell Banker, y nos explicaron que en muchas de sus reuniones tenían la sensación de que el personal de la agencia nunca había trabajado junto o de que estaban muy preocupados maniobrando para conseguir la mejor posición en el equipo. A los ejecutivos de

Coldwell Banker les preocupaba el hecho de tener que dedicar más tiempo a manejar los problemas internos de las demás agencias que a construir una buena campaña.

Existe un gran mito acerca del puesto de trabajo, según el cual si te lo pasas bien en la oficina es porque ganduleas. Pero Daniel Goleman sostiene que los empleados felices son los mejores para que la empresa consiga unos buenos resultados. No sólo son más productivos, sino que los empleados alegres también hacen felices a los clientes, y los clientes felices compran más. Un estudio se dedicó a cuantificar el efecto que tiene el estado de ánimo de los empleados sobre las ventas, y reveló que los ingresos crecen un 2% por cada 1% de mejora en el ambiente de trabajo.

Goleman descubrió que los jefes con estilos empáticos, que sabían cómo atender a las preocupaciones de sus empleados y abordarlas de una manera efectiva, son más capaces de comunicarse con ellos e inspirarles a la hora de ponerse manos a la obra. La empatía retiene a los empleados durante más tiempo y, además, hace que trabajen más. En efecto, una encuesta de Gallup entre dos millones de empleados de setencientas compañías norteamericanas demostró que la productividad está directamente vinculada a la relación que mantienen con sus inmediatos supervisores.

Ser un jefe agradable no significa necesariamente ofrecer grandes primas, comidas de lujo y mesas de ping-pong –aunque estamos seguros de que nuestro personal diría que estos complementos son los más bienvenidos–. Significa respetar el trabajo de cada persona individual dentro de la compañía. Cada uno de los puestos de trabajo dentro de The Kaplan Thaler Group es importante. Es por ello que cada vez que alguien de The Kaplan Thaler Group consigue un éxito –ya sea conseguir un contrato de cuarenta millones de dólares o vender un anuncio de televisión de quince segundos– siempre intentamos reconocérselo. No importa lo pequeño que sea el negocio, ya que para una persona que empieza en este mundo y que ha vendido un anuncio, éste es todo su mundo. Si no se lo reconocemos, le estamos diciendo que su trabajo no tiene ninguna importancia.

SALGA DE SU PROPIA PELÍCULA

Hace poco leímos en la prensa un artículo sobre una broma que una persona en viaje de negocios gastó a un escandaloso usuario del teléfono móvil. Jonathan Yarmis se encontraba en el club exclusivo de una compañía aérea en el aeropuerto LaGuardia de Nueva York cuando él y todos los demás presentes en la sala tuvieron que aguantar el constante parloteo de un hombre que iba dejando numerosos mensajes de voz. Este joven bocazas ignoraba a todos los que le pedían que hablara más bajo. Puesto que el hombre repitió muchísimas veces tanto su número de teléfono como su ciudad de destino, Nashville, Yarmis terminó anotándose el número. Cuando llego a su casa de Seattle le llamó a las 2 h de la madrugada hora de Nashville.

«Le dije: "Debe creer que es de muy mala educación llamar a alguien a las 2 h de la madrugada"», explicó Yarmis en el *New York Times*. «Él dijo: "sí", y yo le respondí: "sin embargo, es menos maleducado que el comportamiento que mostró usted en el club esta tarde". Ambos colgamos. Le dejé las cosas claras.»

Aunque nosotros no estamos de acuerdo con las tácticas de Yarmis, le dijo claramente al otro lo que pensaba. La falta de educación alcanza cada vez unos niveles más altos. Una encuesta de Associated Press publicada en octubre de 2005 informaba de que el 70% de los norteamericanos cree que son más maleducados ahora que hace veinte años, y en ella se citan como ejemplos máximos de mala educación a la gente que habla por el móvil en voz muy alta, a las personas que aparcan en plazas reservadas y a los que dicen palabrotas en público.

Muchas de las personas que cometen estas infracciones no son «malas personas»; simplemente son despistadas. Están tan acostumbradas a los gritos y alaridos de sus hijos que no se dan cuenta de que en un restaurante sus pequeños retoños están arruinando la comida a todos los demás. Se sienten tan cómodos con su ropa informal que no dan ninguna importancia al hecho de ir al teatro en pantalones de chándal y zapatillas deportivas. Ni se les pasa por la cabeza que puedan llegar a ofender a alguien con su manera de vestir. Es como si cada uno fuera la estrella de su propia película –*El Show de Bill, El Show de Heather*– y se olvidan de que los demás también tienen su propia película.

Es por ello que es importante imaginar cómo se ve la vida desde el punto de vista de otra persona. La hija de Linda, Emily, nos dio hace poco una buena lección en este sentido:

Emily invitó a algunos amigos a jugar a casa al salir de la escuela, y la regañé delante de ellos diciéndole que tenía que hacer sus deberes antes de jugar. Después, Emily me dijo: «¿Cómo crees que me siento cuando me gritas ante mis amigos?». De repente me di cuenta de lo embarazoso que debe ser. Sé cómo me sentiría yo si alguien me criticara ante un cliente. También me di cuenta de que haría mucho mejor motivando a Emily a hacer sus deberes si se lo pedía con respeto, y en privado.

Es decir, en esta situación se estaban desarrollando dos películas: la película Linda presentaba a Linda como una madre responsable y la película Emily presentaba a Emily siendo tratada como una persona adulta.

En el trabajo, aprender a ver las películas de los demás es especialmente útil en las reuniones creativas. Por ejemplo, si alguien presenta una idea que no nos gusta, limitarnos a rechazarla sin más hará que la otra persona se sienta mal. Además, algunas veces hay una buena idea oculta en ese concepto, y lo que ocurre es que la persona no sabe expresarla. Planteando preguntas como «¿Cómo llegaste a este concepto?» o «¿Por qué crees que funcionaría para esta campaña?», pueden llegarse a descubrir con frecuencia algunas ideas realmente geniales.

ESCUCHE LAS EXPRESIONES DE SENTIMIENTOS

Cuando empezamos a trabajar en la campaña de Aflac, la compañía de seguros nos dio montones y montones de información sobre ella. Pero la verdad es que no sabíamos por dónde ir hasta que nos reunimos con el director general, Daniel Amos. En la reunión se nos volvió a abrumar con datos y números.

Así que, de improviso, le pedimos: «¿Qué es lo que realmente más le preocupa?».

Amos dijo: «Estoy absolutamente harto de ir a comidas en las que nadie parece conocer el nombre de mi compañía».

Aquí fue cuando se nos encendió la bombilla. Su familia había dedicado toda su vida a levantar esta compañía. Tenía miles de empleados que iban cada día a la oficina, y quería que todos ellos se sintieran orgullosos de estar ahí.

Una vez que había empezado a hablarnos de sus emociones, ya podíamos tirar todas aquellas estadísticas e informes de beneficios por la ventana. *Él sencillamente quería que la gente recordara el nombre de la compañía.*

Y así, bajo la brillante dirección creativa de Tom Amico y Eric David, se incubó el huevo del que salió el pato Aflac. Y de la noche a la mañana, se convirtió en una de las campañas publicitarias más conocidas de Estados Unidos. Desde que empezó a emitirse el anuncio en el año 2000, el pato Aflac se ha convertido en un icono cultural, y durante los primeros años las ventas de la compañía subieron un 55%. El pato Aflac tiene una «puntuación Q» (un índice sindicado que mide lo simpáticos que resultan las personas y los personajes populares) superior a la que tiene el conejito de las pilas Energizer o Ronald McDonald. Hemos convertido Aflac en un nombre familiar, para gran regocijo de Dan Amos, ¡y para gran disgusto de Ben Affleck!

DÉJESE INFLUIR POR LOS DEMÁS

John Gottman, investigador de la Universidad de Washington con un impecable historial de predicción del éxito de los matrimonios, dice que una de las claves para el éxito de una relación es ser capaz de aceptar las influencias. Por ejemplo, imaginemos que usted llama a su marido para decirle que tiene que trabajar hasta tarde (tal como admitimos hacer nosotras en muchas ocasiones) y que su marido le dice que se siente disgustado porque usted ha trabajado hasta tarde cada día de esta semana y que hoy deseaba poder cenar juntos. Podría responderle con un «¿Acaso te crees que a mí me gusta pasarme la noche repasando facturas?». O podría ser algo más amable y decir: «Lo siento, cariño, pero todas estas facturas tienen que enviarse mañana».

O podría tener en cuenta su opinión. Porque lo que él le está diciendo, realmente, además de que se siente desatendido, es que su matrimonio debería ser tan importante para usted como su trabajo. ¿Su compañía se iría realmente a pique si no deja listas todas estas facturas para mañana? ¿Vale la pena pagar este precio, es decir, menospreciar los sentimientos de su marido?

Aceptar las influencias no significa cumplir siempre las órdenes de los demás. Algunas veces usted deberá cumplir un plazo de entrega de un trabajo y simplemente esperará que su cónyuge lo entienda. Pero le resultará mucho más fácil que lo comprenda si le ha demostrado sistemáticamente que usted también tiene en cuenta su punto de vista, y que está dispuesto a realizar los cambios y a adoptar los compromisos necesarios.

VÉASE A USTED MISMO CON LOS OJOS DE LOS OTROS

«Pasé la primera mitad de mi vida intentando no ofender a mi madre y la segunda mitad intentando no ofender a mi esposa», cuenta Jay Leno. Jay no ha explicado nunca ningún chiste sobre la esposa en su programa *The Tonight Show*, porque sabe que todo el humor se basa en la realidad. «Siempre que ves a algún cómico contando chistes de esposas –excepto en los casos en que acaban de tener un hijo o algo similar– puedes pensar que ahí pasa algo más», explica. Leno debe provocar la risa para conservar su puesto de trabajo, pero un chiste a costa de su mujer no es divertido.

Muchos de nosotros estamos tan atrapados en nuestros propios deseos y ambiciones que somos incapaces de ver cómo nuestras prioridades pueden afectar a los demás. Como jefes, con frecuencia, nos olvidamos de que la gente que trabaja para nosotros nos ve diferente de como nos vemos a nosotros mismos. Una vez Robin hizo una broma improvisada a nuestra recepcionista después de oír que su ayudante había llamado para decir que llegaría tarde porque tenía un perro muy viejo y tenía que ir al veterinario:

«¡Siempre el perro!», dije en broma. He tenido muchos perros a lo largo de mi vida y estaba expresando mi conmiseración con el problema. ¿No es verdad que estos adorables chuchos ocupan un lugar muy importante dentro de nuestras vidas?

Pero nuestra recepcionista no lo interpretó de la misma manera. Lo que entendió fue que la presidenta de la compañía estaba enfadada con su ayudante. Así que hizo lo correcto: dijo a mi ayudante que yo estaba disgustada. Más tarde, mi ayudante entró en mi despacho muy afligida. Explicó que vivía sola y que no tenía a nadie que pudiera ayudarla con el perro. Le dije: «¿De qué me estás hablando?». Me explicó que le habían dicho que yo estaba enfadada con ella por llegar tarde. Le contesté: «¡Nada más lejos de la verdad!».

Todos fueron con buenas intenciones; lo que ocurrió es que todos actuábamos en películas diferentes. Es por ello que es tan importante conceder a los demás el beneficio de la duda. Que un colaborador se muestre seco en el ascensor no significa que esté enfadado contigo. Puede significar muchas cosas: que se ha peleado con su novia, que su madre ha tenido que ir otra vez al hospital, que es lunes. Cuando aprendes a ver el punto de vista de la otra persona, muchas veces te das cuenta de que *la cosa no va contigo.*

Cuando empiezas a practicar la empatía desarrollas el instinto de que debes salir de tu propia burbuja y ser más sensible a las necesidades de los demás. Esto representará un beneficio tanto en los aspectos prácticos como personales. Por ejemplo, el blogger Paul English se sentía frustrado ante sus intentos por conseguir hablar con un ser humano al llamar a las compañías de servicios y telefónicas. Así que creó un sitio web que ayuda a la gente a sortear el infierno de los mensajes pregrabados, publicando la lista de las secuencias de números que deben marcarse para muchas compañías para conseguir hablar con un operador humano. Él pensó que si los interminables bucles de los mensajes pregrabados le volvían loco, entonces probablemente habría muchas otras personas que se sentían igual que él. El sitio web fue un gran éxito y recibió mucha atención por parte de los medios de comunicación, saliendo en el programa de televisión *Today*, en la CNN, en las noticias de la cadena ABC y en el *Wall Street Journal*.

Normalmente, cuando se aprovecha la fuerza de la empatía, los beneficios llegan de una manera indirecta, y algunas veces, años más tarde. Tomemos a nuestra amiga Erin, una actriz que había aparecido en muchos de los anuncios que nosotros producimos.

Erin tenía el típico problema de los artistas de Nueva York. Para conseguir trabajo hay que vivir en la ciudad, pero vivir en la Gran Manzana resulta prohibitivamente caro. Erin sabía que cuando llegara la hora de tener un hijo, ella y su marido se verían probablemente obligados a trasladarse a algún lugar más asequible, lo que afectaría gravemente a su carrera profesional como actriz.

Pero, mientras tanto, adoraba su vida en la ciudad, ya que no sólo le permitía trabajar en lo que le gustaba, sino que también le brindaba la oportunidad de dedicar su tiempo libre a trabajar para una organización que rescataba a animales abandonados. El trabajo de Erin consistía en encontrar a las potenciales familias adoptivas para los perros disponibles, y la norma era que los que pedían un perro se apuntaban en una lista y se les asignaban perros según este orden. «Un día supe que una mujer había perdido a su amado perro después de catorce años de amistad. Estaba buscando un sabueso para que sustituyera al que acababa de perder», explica Erin.

El corazón de Erin se volcó en esa mujer. Al fin y al cabo, era su amor por los animales lo que la había llevado a realizar ese trabajo como voluntaria. El problema era que la organización sólo tenía dos sabuesos disponibles y una larga lista de personas interesadas en esta raza. «Pero había algo en la voz de esta señora que me convenció de que necesitaba a una mascota en su vida de manera urgente», explica Erin.

Así que Erin puso a esta mujer en la primera posición de la lista. «Más adelante iba a descubrir que vivía sola, que había perdido a su hijo y a su marido a causa del cáncer y que su única familia era el perro. La vida de esta mujer tenía sentido con un perro en ella, y de alguna manera yo presentí que tenía que llenar su casa con uno de los perros salvados por nuestra asociación benéfica», explica Erin.

Dos años más tarde, Erin estaba embarazada y esperaba poder encontrar un apartamento en Nueva York que pudiera albergar a su nueva familia y que le permitiera continuar con su carrera de actriz. «Necesitábamos un nuevo hogar con espacio para un bebé, y nos costaba mucho encontrar el lugar adecuado. Resultó que nuestra amiga volvió a llamar solicitando otro perro, y yo le expliqué la buena noticia de mi embarazo y la mala noticia de nuestros problemas para encontrar un nuevo hogar. Me dijo que volvería a llamar pasados unos minutos», explica Erin. Al cabo de poco sonó el teléfono: un agente de la propiedad inmobiliaria, amigo de la señora del sabueso, sabía de la existencia de un fabuloso y asequible apartamento en Manhattan que aún no había sido puesto a la venta. Actualmente, Erin y su marido tienen una hija maravillosa y un bonito apartamento donde la ven crecer. ¡Y su carrera como actriz va viento en popa!

La empatía puede convertirle en millonario o poner a su disposición la casa perfecta, o no, pero estamos convencidos de que prestar atención a los demás es sencillamente una manera más rica de vivir la vida. ¿Cuál es la alternativa? ¿Obsesionarnos con nosotros mismos: nuestro pelo, nuestro peso, nuestra economía? Lo bello de fijarnos en las preocupaciones de los demás es que, con ello, desviamos la atención lejos de nuestras preocupaciones y ansiedades. ¡Y esto es mucho más barato que cualquier terapia!

BUENOS PROPÓSITOS:
INSPÍRESE EN LA IRRITACIÓN DE LOS DEMÁS

Póngase hoy mismo un pequeño bloc de notas y un bolígrafo en el bolsillo y llévelo con usted en todo momento. Vaya observando y anotando todas las cosas de que se queja la gente: el papel de la fotocopiadora se ha atascado; el vecino de arriba pone la música demasiado alta; el cartero echa las cartas arrugadas y de cualquier manera en el buzón. Al final del día, liste diez propuestas posibles para solucionar estos problemas. Centrándose en las necesidades de los demás y no en las suyas propias es posible que dé con algunas ideas realmente creativas e innovadoras.

BUENOS PROPÓSITOS:
SEA EL PROTAGONISTA DE LA PELÍCULA DE OTRA PERSONA

Piense en alguien con quien tenga algún conflicto. A continuación, escriba el punto de vista que tiene esta otra persona de la situación, en un papel o en el ordenador. Lo importante es que vaya escribiendo de una manera continuada. Deje que la redacción vaya fluyendo para así no detenerse a dar demasiadas vueltas a la situación. Debe sentir sus emociones, no pensarlas. Se trata de un gran ejercicio para ver la situación desde la perspectiva de la otra persona.

BUENOS PROPÓSITOS:
DESCUBRA SENTIMIENTOS

La próxima vez que se encuentre en una reunión o que hable por teléfono con un amigo o pariente, haga una lista de todas las palabras que oiga y que expresan sentimientos. «Deseo», «espero», «estoy disgustado». ¿Qué le dicen estas palabras sobre la persona con quien está hablando? ¿Qué pistas le dan sobre la manera en que usted podría abordar mejor sus necesidades?

10. CREE UN UNIVERSO AMABLE

En 1960, un hombre de negocios francés de mucho éxito, Marcel Bleustein-Blanchet, creó una fundación para ayudar a los hombres y mujeres jóvenes con talento y creatividad a iniciar sus carreras profesionales. Hubo un año en que la fundación concedió una beca a un joven astrónomo que invirtió el dinero en comprar su primer telescopio.

Más de treinta años después, el astrónomo descubrió un nuevo planeta y decidió llamarlo «Bleustein», es decir, le puso el nombre de su primer benefactor. Imagine el placer de la familia Bleustein al saber que la generosidad de su abuelo había sido reconocida a muchos años luz.

Cuando empezamos a escribir este libro tampoco teníamos ninguna idea de la gran potencia de lo bueno de ser bueno. Sabíamos que ser amables y cordiales había sido algo importante para nuestro negocio y para nuestras relaciones personales. Pero hasta que no empezamos a hablar con otras personas sobre el impacto que la amabilidad había tenido en nuestras vidas no nos dimos cuenta de lo potente que puede ser un gesto de amabilidad o un comentario de solidaridad. Quedamos muy impresionadas de las consecuencias a largo plazo que puede llegar a tener un encuentro cordial aparentemente pequeño, como ayudar a un extraño a llevar la maleta o dar consejos a un empleado joven sobre su carrera profesional. En realidad, muchas veces las mismas personas que nos contaban las historias estaban también impresionadas. Antes de relatar lo que les había sucedido no se habían dado nunca cuenta de que su éxito o fortuna podía relacionarse con un gesto sencillo y bondadoso. Al fin y al cabo, tampoco habían ofrecido su amabilidad para conseguir un contrato o ganarse a un amigo. Sencillamente «estaban siendo amables». Así que quedaban asombradas al ver el efecto dominó de un único acto amable.

Al escribir este libro también empezamos a notar un cambio sutil en nuestras vidas. Aunque nos consideramos unas personas educadas y atentas, también podíamos ser tan desconsideradas como muchas otras personas de nuestro alrededor. Sin embargo, al ir anotando en un papel nuestras ideas y reflexiones sobre lo bueno de ser bueno, nosotras mismas empezamos a actuar de una manera distinta. Éramos más consideradas en nuestros actos cotidianos. Afrontábamos de una manera diferente los innumerables dilemas morales con que nos encontrábamos cada día. ¿Cuánta propina debo dejar al camarero? ¿Doy un dólar al mendigo que está pidiendo en la calle? ¿Me abro camino a través del tráfico o al andar por la acera, o respeto el derecho de paso de los demás?

Si estábamos en desacuerdo con algún colaborador, veíamos que nos distanciábamos y que intentábamos ver su «película». Si un amigo se enfadaba con nosotras, asumíamos sus buenas intenciones antes de reaccionar airadamente. En todos los conflictos a que nos enfrentábamos, nos preguntábamos: «¿Hay alguna manera más amable de proceder?».

¡Y funcionó! Como resultado de escribir este libro nos hemos peleado menos con los amigos, hemos experimentado más empatía hacia los compañeros de trabajo, nos hemos reído más, y hemos disfrutado más de nuestros éxitos profesionales y personales. Vemos que somos más sensibles al efecto de un comentario mordaz, más conscientes de cómo una palabra desagradable puede desalentar la creatividad y el entusiasmo de nuestros colaboradores y de toda nuestra organización. Y, a la inversa, hemos visto cómo los elogios y el apoyo pueden movilizar a todos los empleados y fomentar la colaboración y el trabajo en equipo.

Desde que creamos nuestra compañía, hemos tenido la suerte de atraer no sólo a profesionales brillantes y con talento, sino también a algunas de las personas más amables de esta industria. Y éstas han modelado, con sus acciones y su manera de proceder, un sistema de valores corporativo en el que su comportamiento ha sido imitado y adoptado por las nuevas incorporaciones, clientes y comerciales. Han creado, en esencia, un universo más amable para ellos mismos.

Evidentemente, el éxito laboral y personal se basa en algo más que en ser amable; el trabajo duro, la inteligencia y el talento también son esenciales. No estamos diciendo que ser amable sea la *única* manera de progresar. Todos conocemos varios ejemplos en los que el sinvergüenza de turno ha conseguido el mejor trabajo, se ha llevado el reconocimiento del público o ha conquistado a la chica o al chico de nuestros sueños.

Pero esperamos haber sido capaces de convencerle de que existe «otra manera» de hacer las cosas, de que ser amable y cordial es igualmente válido, y mucho más efectivo para progresar que ser egoísta o un déspota implacable. Así que, sabiéndolo, ¿por qué no toma el camino de la amabilidad? No sólo le llevará más lejos en su carrera profesional y en su vida, sino que también se sentirá mejor consigo mismo. En la cultura actual se habla mucho de la autoestima y se ofrecen muchas maneras de conseguirla: desde repetirse a uno mismo afirmaciones llenas de buenas intenciones hasta comprarse un coche nuevo. Pero con frecuencia descuidamos el camino más seguro y rápido hacia el respeto por uno mismo: *comportarse de una manera que implique el respeto hacia los demás.* Si actúa con integridad, compasión y cordialidad, es muy posible que después no deba pasar largas horas en la consulta del terapeuta explicando cómo sus conflictos con el jefe o su cónyuge proceden de algo que le dijo su madre cuando usted tenía cuatro años. Usted sabrá, en su interior, que es una persona valiosa y loable, que puede ayudar a cambiar el mundo con cada uno de sus actos de amabilidad individuales.

Ésta es una lección que nuestro amigo y colaborador Hal Friedman descubrió no hace mucho tiempo. Durante su desplazamiento diario desde la ciudad de Nueva York hasta Nueva Jersey, Hal veía siempre al mismo pordiosero pidiendo caridad cerca de la entrada del túnel de Lincoln. «A lo largo de varios meses, cada día se acercaba a mi coche y yo siempre le daba algo, unos céntimos o un dólar, según lo que tenía a mano. Con el tiempo llegamos a reconocernos el uno al otro, y la situación pasó de ser una molesta distracción a ser algo que me resultaba agradable durante mi vuelta a casa», explica Hal.

Un día, Hal quedó estupefacto al ver a su amigo con un traje y una corbata nuevos. El hombre iba de un coche a otro sonriendo y dando la mano a todo el mundo. Cuando finalmente llegó al coche de Hal, le explicó orgullosamente que por fin había encontrado un empleo y que quería darle las gracias por haberle ayudado a salir adelante. «Ver su éxito y la luminosidad de su cara fue algo que valió cien veces más que todo el dinero que le había dado durante aquel tiempo», explica Hal.

Si ha aprendido alguna lección de este libro, esperamos que ésta sea haberse dado cuenta de que existe un gran potencial sin explotar incluso en la más insignificante de las buenas acciones, y que un buen propósito puede tener un efecto multiplicador lo bastante intenso como para hacer cambiar el mundo. Sí, una acción amable y cordial hecha al azar *puede* ayudarle a ser más rico, a estar más sano y a ser más inteligente. Y, sobre todo, le hará más feliz.

Al fin y al cabo, ¿no es éste el *verdadero* significado de lo bueno de ser bueno?

NOTAS

Capítulo 1: Lo bueno de ser bueno

1. Tim Sanders, *The Likeability Factor: How to Boost Your L-Factor & Achieve Your Life's Dreams* (New York: Crown, 2005), p. 31.
2. Daniel Goleman, Richard Boyatzis, y Annie McKee, *Primal Leadership: Realizing the Power of Emotional Intelligence* (Boston: Harvard Business School Press, 2002), p. 15.

Capítulo 3: Prepare un pastel más grande

1. Tom Rath y Donald O. Clifton, Ph. D., *How Full Is Your Bucket* (Princeton, NJ: Gallup Press, 2004), p. 31.
2. Encuesta realizada a aproximadamente un millón de trabajadores de más de 330 compañías, dirigida por el Hay Group, una firma de asesoría en recursos humanos y comportamiento organizativo, según se informa en *The Kansas City Star* del 11 de julio de 2001.

Capítulo 4: Endulce el trato con los demás

1. David G. Myers, Ph. D., «Feeling Good About Fredrickson's Positive Emotions», *Prevention and Treatment*, March 7, 2000. Ruut Veenhoven, Ph. D., «The Utility of Happiness», *Social Indicators Research*, 1988.
2. «The Science of Chocolate». BBC, November 17, 2004.
3. David G. Myers, Ph. D., «Feeling Good About Fredrickson's Positive Emotions».

Capítulo 5: Ayude a sus enemigos

1. Robert Axelrod, *The Evolution of Cooperation* (New York: Basic Books, 1985), pp. 7-18.
2. *Washington Post*, July 22, 2005.
3. *Wall Street Journal*, January 3, 2006.

Capítulo 6: Vaya siempre con el corazón en la mano

1. Dwight D. Eisenhower, *Crusade in Europe* (Baltimore, MD: The Johns Hopkins University Press, 1997), p. 389.
2. Robin Marantz Henig, «Looking for the Lie», New York Times Magazine, February 5, 2006.

Capítulo 7: Ábrase camino con el «sí»

1. Tom Rath y Donald O. Clifton, Ph. D., *How Full Is Your Bucket: Positive Strategies in Work and Life* (Princeton, NJ: Gallup Press, 2004), pp. 55-57.
2. Warren Bennis y Patricia Ward Beiderman, *Organizing Genius: The Secrets of Creative Collaboration* (New York: Perseus Books Group, 1998), p. 209.
3. Alan Pease, *Signals: How to Use Body Language for Power, Success and Love* (New York: Bantam Books, 1984), p. 6.

Capítulo 9: Trate a los demás con empatía

1. «The Infinite Mind», National Public Radio, November 23, 2005.